LE GUIDE POUR SAUVER VOTRE RETRAITE

DU MÊME AUTEUR

Les Meilleurs Placements pour les nuls, First, 2021.
Votre argent. Gérez mieux, gagnez plus !, Robert Laffont, 2018.
Faites sauter la banque !, Stock, 2014 ; Marabout, 2016.
Immobiliez-vous !, Robert Laffont, 2012 ; Pocket, 2013.
Sauvez votre retraite !, Robert Laffont, 2013 ; Pocket, 2013.
Sauvez votre argent !, Robert Laffont, 2011 ; Pocket, 2012.
Pour tout l'or du monde, Robert Laffont, 2010 ; Pocket, 2011.
Un trader ne meurt jamais, Robert Laffont, 2009 ; Pocket, 2010.
Tu seras un homme riche, mon fils, Les Pérégrines, 2005.
Guide pratique d'utilisation des options devises, Elsevier, 1986.

Marc Fiorentino
Gauthier Maes

LE GUIDE POUR SAUVER VOTRE RETRAITE

Robert Laffont

ISBN : 978-2-221-27413-2
Dépôt légal : janvier 2024
Éditions Robert Laffont – 92, avenue de France, 75013 Paris

Introduction

La réalité en face

La vérité sur votre retraite

La réforme des retraites a provoqué une crise politique. Majeure.

Elle a été adoptée. Dans la douleur.

Mais on sait déjà qu'elle sera insuffisante. D'autant plus insuffisante qu'elle a été en partie vidée de sa substance du fait de tous les compromis qu'il a fallu accepter.

Dès 2030, voire avant, il faudra une nouvelle réforme. Et encore une autre cinq ans après… et encore une autre…

La vérité ?

Avec une natalité qui s'effondre et une espérance de vie qui a explosé, le système de retraite par répartition est condamné. Il y a de moins en moins d'actifs pour payer les retraites d'un nombre croissant d'inactifs. C'est basique. Simple.

Il ne sera plus possible d'assurer une retraite satisfaisante pour tous. Nous allons basculer progressivement vers une retraite qui ressemblera plus à une « indemnisation retraite » pour les personnes les plus défavorisées, les autres devront se débrouiller seuls.

Mais on ne vous apprend rien. Vous le savez déjà. Oui, vous le savez déjà, car les ménages français battent tous les records de taux d'épargne. Et si vous épargnez autant, par tous les temps économiques, c'est que vous êtes inquiet et que vous savez que vous devez économiser pour votre retraite.

Vous savez :

— que vous devrez travailler de plus en plus tard... si l'intelligence artificielle et la robotique vous laissent encore quelques jobs ;

— que vous toucherez une retraite de plus en plus faible. Et que vous devrez cotiser de plus en plus.

C'est un fait. Une évidence. Une évidence, et un problème qui a heureusement une solution : l'épargne. Mais pas n'importe quelle épargne, non. Une bonne épargne. Vous savez que vous devez économiser. Et vous savez économiser. Vous devez néanmoins apprendre à mieux placer votre argent, pour que vous puissiez maintenir un pouvoir d'achat satisfaisant lorsque vous prendrez votre retraite.

Économiser et épargner, c'est bien, très bien même. Bien placer, c'est mieux.

Vous n'utilisez pas forcément les bons placements. Ni la panoplie de solutions d'épargne qui sont à votre disposition.

Nous allons ensemble améliorer votre connaissance des placements.

Dans un seul but : sauver votre retraite.

Le problème des retraites est simple à comprendre

On voudrait ramener le débat sur la retraite à un débat de choix de société. Il y aurait d'un côté les « gentils » qui veulent que tout le monde parte à la retraite à 60 ans et profite de près de trente ans de loisirs avec le même pouvoir d'achat que dans leur vie active.

Et les « méchants », capitalistes bien sûr, qui veulent faire trimer la population française, la réduire à l'esclavage jusqu'à ce que mort s'ensuive.

C'est plus compliqué que ça. C'est plus simple que ça. Vous allez tout comprendre.

La durée de vie a progressé de façon spectaculaire. La natalité est en chute libre. Il va donc y avoir de moins en moins d'actifs, et de plus en plus d'inactifs.

Voici quelques chiffres pour comprendre.

L'espérance de vie

En 1950 l'espérance de vie était de 66 ans.

En 2023, l'espérance de vie est de 80 ans.

En 2050, elle sera proche des 88 ans.

L'espérance de vie à l'âge effectif de départ à la retraite

En 1960 : 13 ans.

En 2023 : 16 ans.

En 2050 : 25 ans.

Le rapport actifs/inactifs
En 1960 : 4 actifs payaient la retraite d'1 inactif.
En 2023 : 1,7 actif paie la retraite d'1 inactif.
En 2050 : 1,4 actif paiera la retraite d'1 inactif.

Vous avez compris le problème. Il n'est pas politique, il est arithmétique. Le problème du financement des retraites est extrêmement grave. Et pourtant extrêmement simple. Mais le manque de courage politique ne permettra pas de le résoudre. Vous seul pouvez résoudre le problème de votre retraite.

Le calcul est simple.

Si l'âge de départ à la retraite était de 65 ans en 1945 alors que l'espérance de vie était de 65 ans, l'âge de départ à la retraite en 2023 ne peut pas être 60, 62 ni même 64 ans en 2024 alors que l'espérance de vie est de 80 années.

Et si le taux de remplacement, le montant de la retraite en pourcentage de vos derniers revenus, était en moyenne de 50 % quand il y avait encore 4 actifs qui cotisaient pour 1 inactif, il ne peut pas être de 50 % alors qu'il n'y a plus que 1,7 actif qui cotise pour 1 inactif.

Ce n'est pas plus compliqué que ça.

L'alerte des agences de notation

La situation sur les retraites est si grave que les trois principales agences de notation ont, ensemble, émis une alerte générale en 2023. Un fait rare. Un *warning* sans précédent.

Selon elles, avec la chute des naissances, et donc de la population active, et l'allongement de la durée de la vie, la charge des retraites va mener les dépenses publiques dans le mur.

Avec des dérapages des déficits, et donc des dettes. Et un dérapage des dettes avec des taux élevés va provoquer une dégradation des notations des pays.

Et il n'y a pas que les retraites, il existe un autre sujet qui vous concerne : le coût de la santé. Une population beaucoup plus âgée est plus consommatrice de santé publique.

Les agences de notation prévoient que la combinaison du poids des retraites, du coût de la santé et des taux d'intérêt élevés provoquera un cocktail explosif pour les finances publiques.

Il ne manquait plus que ça... On avait déjà le coût du réchauffement climatique et de la transition écologique.

Les agences de notation rappellent que la part des plus de 65 ans dans les pays développés, mais aussi en Chine, va passer de 20 % aujourd'hui à plus de 30 % en 2050.

Et selon Standard & Poor's, la dette de la moitié des pays développés sera considérée comme *junk* (pourrie) d'ici à 2060, du fait du poids de la charge des retraités.

Et le déficit des États les plus dépensiers pourrait dépasser les 9 % du PIB dans le même temps, du simple fait du vieillissement de la population.

Pour les agences de notation, il faut des réformes urgentes sur le financement de la retraite et sur la durée de cotisation.

Quand on voit ce qui s'est passé en France en 2023, on a du mal à imaginer qu'on va pouvoir passer l'âge de la retraite à 70 ans... Ou qu'on va s'attaquer, vraiment, aux régimes spéciaux.

Selon les agences de notation : « Plus on attendra pour agir, plus ce sera douloureux. »

Pas question pour vous d'attendre : nous allons prendre ensemble le sujet en mains dès aujourd'hui.

La réforme de 2023

LA réforme des retraites. Avec un LA majuscule. Quelle épreuve pour le pays !

Un affrontement violent sur un sujet qui aurait dû être consensuel.

Et à l'arrivée, pas d'accord. Le gouvernement a dû dégainer le fameux « 49.3 » pour faire passer sa réforme.

Une réforme pourtant édulcorée, vidée d'une partie de sa substance pour satisfaire tout le monde, et qui n'a finalement satisfait personne.

La presse étrangère a observé avec étonnement et curiosité ce pays qui se battait encore pour une retraite à 62 ans alors que tous les pays développés avaient déjà opté pour une retraite à 65, 67, voire 70 ans.

Cette réforme était largement nécessaire. Mais elle est déjà largement insuffisante. D'autres réformes suivront. D'autres crispations. D'autres affrontements dont l'issue est pourtant inéluctable.

Nous n'avons pas le choix.

Est-il préférable qu'on puisse partir à la retraite le plus tôt possible, si on le souhaite ? Est-il juste qu'une personne qui a travaillé 40 ans dans des conditions difficiles puisse partir à la retraite ? Oui, bien sûr.

Mais en avons-nous les moyens ? Non…

Il vaut mieux continuer, pour se faire réélire et être populaire, à faire croire qu'on pourra continuer à toucher la même retraite en s'arrêtant toujours de travailler à 62 ans ou à 60 ans. Personne n'y croit, bien sûr, surtout pas ceux à qui on fait cette promesse mensongère, mais c'est plus simple de fuir la vérité.

Nous aussi aimerions vivre dans un monde où on pourrait distribuer autant, si ce n'est plus, à des gens qui travaillent aussi longtemps, voire moins longtemps. Mais nous aimerions aussi avoir des super-pouvoirs, courir un marathon en deux heures à 100 ans, aller sur Mars et supprimer les guerres et la faim dans le monde. Mais nous ne sommes pas à l'élection de Miss France…

Il faut dire la vérité. Et cette vérité est arithmétique, mathématique, cartésienne, elle n'est ni idéologique ni dogmatique, elle n'est ni de gauche ni de droite, elle est juste calculable, vérifiable, imparable.

Pour résoudre l'équation de la retraite, il faut :

1. allonger la durée de la vie active ;
2. réduire le niveau des pensions puis l'ajuster en fonction de l'espérance de vie ;
3. augmenter les cotisations ;
4. encourager l'épargne retraite.

Oui, on le sait, on n'annonce pas des bonnes nouvelles. Mais ce livre n'est pas un conte de fées.

Oubliez tout le reste. Tout le reste n'est que mensonge ou propagande. On ne peut pas maintenir la retraite à 60 ans avec une espérance de vie à 83 ans en priant pour que la croissance soit supérieure à 5 %, ce qui n'est jamais arrivé depuis quarante ans, ou en « prenant l'argent des riches ». Vous pouvez y croire si vous voulez, tant pis pour vous.

Le propos de ce livre est de vous aider à régler votre problème de retraite dès lors que vous avez accepté de voir la vérité en face.

Si ce n'est pas le cas, ce livre est inutile. Revendez-le tant qu'il a encore un peu de valeur et continuez à croire au Père Noël et aux politiques.

L'âge de départ à la retraite
dans les principaux pays de l'OCDE

	Âge légal de départ à la retraite
Allemagne	67 ans
Belgique	66 ans
Danemark	67 ans
Espagne	67 ans
États-Unis	62 ans
Irlande	66 ans
Italie	67 ans
Japon	65 ans
Luxembourg	65 ans
Pays-Bas	66 ans et 7 mois
Portugal	66 ans et 7 mois
Royaume-Uni	66 ans
France	64 ans
Cherchez l'erreur...	

(Sources : placement.meilleurtaux.com, OCDE.)

La solution

Nous avons quand même une bonne nouvelle : il existe une solution. Et cette solution, c'est l'épargne. L'épargne en général. L'épargne retraite en particulier.

Vous devez compléter la retraite par répartition, qui va être de plus en plus marginale pour les classes moyennes et les classes aisées, par une retraite par capitalisation.

Vous devez le faire vous-même, car la France refuse toujours d'adopter, même partiellement, le système de retraite par capitalisation.

C'est le seul moyen de maintenir votre pouvoir d'achat pendant la durée de plus en plus longue de votre retraite, et, c'est une bonne nouvelle, votre retraite va être de plus en plus longue car vous allez vivre de plus en plus vieux.

Épargner pour sa retraite, c'est la solution au problème de votre retraite. Il faut bien épargner, le plus tôt possible, et il faut bien investir. Épargner est nécessaire mais pas suffisant. Si vous épargnez bien et que vous placez bien, vous avez réglé votre problème.

Nous allons ici vous expliquer, simplement, comment sauver votre retraite. Car vous pouvez encore, quel que soit votre âge, sauver votre retraite.

Vous êtes un cas

Gabriel

Gabriel a 30 ans. Il est dynamique, plein de vie. Il est salarié. Il n'a pas encore le courage de sauter le pas et de réaliser son rêve : entreprendre. Mais ça viendra car il déborde de projets et d'ambitions. Même s'il est célibataire et n'a aucune responsabilité familiale, lâcher la proie pour l'ombre lui fait peur. Son salaire élevé est un avantage mais aussi un inconvénient car il l'empêche de prendre son envol. En attendant, il brûle la vie par tous les bouts : sorties, fêtes, voyages. Il peut tout se permettre et il se permet tout.

Mais ce soir, il est fatigué. Trop de travail. Trop de restaurants festifs. Pas assez de sommeil. Et il pense à l'avenir. Pour une fois. Pas à demain. Mais à après-demain. La retraite. Ce mot ne signifie rien pour lui. C'est tellement loin. Ce sera dans plusieurs vies. Si la retraite existe encore quand il aura l'âge de la prendre. À quel âge d'ailleurs ? Personne n'en a aucune idée. Alors « préparer sa retraite », ça ne veut rien dire pour lui. Mais il pense qu'il faudrait peut-être qu'il soit plus raisonnable, qu'il dépense moins et qu'il arrête de jeter des loyers absurdes par la fenêtre. Cette fenêtre qui donne sur la tour Eiffel n'a pas la vue sur son avenir. Dommage…

* * *

Clara

Quelle épreuve. Quelles épreuves. Deux êtres chers qui partent. En moins de deux ans. Son mari d'abord, emporté par une « longue maladie » comme on le dit pudiquement dans les médias. Tôt. Trop tôt. 56 ans seulement. Le même âge qu'elle. Et son père. Son guide. Son ami. Son soutien. Quelques mois plus tard. Parti en quelques heures mais en ayant préparé son départ depuis des années. Depuis des années, il expliquait à Clara qu'il avait une somme significative dans une assurance-vie qui lui reviendrait.

Même si elle travaille, elle est policière municipale, même si elle touche une pension de réversion, faible, Clara se sent plus rassurée avec le pécule que son père a soigneusement gardé pour elle. Rassurée et inquiète à la fois. La retraite. Ce mot lui fait peur. Mais elle doit s'y préparer. Elle ne sait pas comment faire. Elle ne sait pas qui contacter. Elle ne veut pas faire d'erreurs. Comme son père, elle voudrait laisser une petite somme à ses enfants, Lucas et Amélie. Ses enfants, sa fierté. Son mari et elle, en particulier depuis le début de sa maladie, ils ont tout fait pour assurer le futur de leurs enfants. Et on peut dire qu'ils ont réussi : leurs enfants sont aujourd'hui financièrement indépendants. La dépendance, c'est peut-être ça qui lui fait le plus peur. Certes, elle est en très bonne forme aujourd'hui, mais qu'en sera-t-il dans vingt ou trente ans ? Elle ne veut surtout pas devenir un poids pour ses enfants.

Elle n'a pas envie d'y penser aujourd'hui. Elle va prendre son café, rejoindre ses collègues et elle verra bien demain. Ou après-demain.

* * *

Alain

Ses copains avaient raison. Après un divorce difficile, très difficile, il y a une phase d'euphorie. On se sent libre. On pense qu'on « revit enfin ». Mais ils l'avaient prévenu. Cette phase est de courte durée. Alain ressent déjà la solitude. Et la tristesse de devoir « partager » ses deux enfants. On ne partage pas ses enfants. À 50 ans, il a tout fait. Tous les jobs possibles et imaginables. En France, à l'étranger. Sa connaissance de l'informatique et de la tech lui a offert cette liberté incroyable, lui qui est incapable de rester enfermé dans un bureau ou de supporter des hiérarchies lourdes et souvent inutiles. Il a bien gagné sa vie, cette expression l'a toujours fait sourire : « gagner sa vie ». Il a plutôt l'impression d'en avoir perdu une partie.

Mais aujourd'hui il a besoin de se poser. Il a besoin d'avoir au moins un point fixe. Il va peut-être rester dans l'entreprise qui l'emploie. Il y est depuis six mois, un record pour lui. Sa rémunération est très élevée.

50 ans. Bientôt 60. Et ensuite ? La retraite ? Pas question… Il veut mourir sur scène, penché sur un robot qu'il aura conçu ou sur les lunettes de réalité virtuelle que nous porterons tous dans vingt ans et sur lesquelles il aura planché. Mais il ne veut pas être pris au dépourvu. Il ne veut plus de surprises. Il sait qu'avec son parcours professionnel très varié, liquider sa retraite sera très compliqué. Rien que de trouver la bonne information ressemble à un parcours du combattant… Mais il veut être prêt. Prêt pour la retraite. Pour pouvoir ne jamais la prendre.

* * *

Éric et Emmanuelle

Éric n'arrive pas à dormir. Il se tourne et se retourne. Emmanuelle lui demande : « Qu'est-ce qui te préoccupe ? »

« Demande-moi plutôt ce qui ne me préoccupe pas. Quelle idée d'avoir choisi ce métier de commerçant… Après les Gilets jaunes, les grèves et les manifestations pour les retraites, et l'été dernier, notre magasin pillé lors des émeutes. Parfois j'ai envie de tout laisser tomber. Plus de quarante ans à bosser, et pour quoi ? Je suis trop vieux pour ça.

— Mais tu n'as que 61 ans. Tu vas vivre jusqu'à 100 ans, comme ton grand-père.

— Tu dis ça parce que tu n'as que 53 ans. Tu ne comprends pas. Je suis inquiet pour notre avenir. Un jour je devrai prendre ma retraite, je ne sais même pas combien je toucherai, ni combien tu toucheras quand tu t'arrêteras, mais je sais que ça ne suffira pas.

— Nous avons un peu d'argent de côté. Au pire, on ira vivre dans une cabane au fond d'une forêt. Au lieu de t'inquiéter, tu ferais mieux de te renseigner sur ta retraite et sur la mienne. Maintenant que tu m'as fait perdre le sommeil, tu peux t'endormir tranquillement. »

* * *

Jérémie et Jennifer

Un puits sans fond. C'est l'impression qu'a Jérémie. Il n'aurait jamais pensé qu'à 41 ans, il gagnerait autant d'argent. Et Jennifer, sa femme, est à 40 ans à la tête du département juridique d'un groupe du CAC 40. À eux deux, ils gagnent une petite fortune, comparé à ce qu'ils gagnaient difficilement au début de leurs carrières. Mais leurs comptes sont quasiment dans le rouge à la fin de chaque mois. C'est à s'arracher le peu de cheveux qu'il a déjà perdus en masse il y a quelques années. Cela lui fait penser qu'il va devoir payer 30 000 euros pour des implants chez le meilleur spécialiste de Paris. Encore une dépense.

Dépenser, Jennifer et lui savent faire : les plus beaux hôtels, les voyages en *business*, les meilleurs restaurants, souvent étoilés. Et deux enfants. Des enfants à qui ils ne refusent rien, même ce qu'ils ne demandent pas. Rien que leur scolarité à l'école bilingue leur coûte une fortune. Tout ça est délirant. Obscène. Et l'avenir ? Le sien ? Celui de sa femme ? De ses enfants ? Un des conseillers de sa banque l'a appelé pour lui parler d'épargne retraite, mais avant d'avoir de l'épargne retraite, il faudrait déjà qu'il sache ce que l'épargne veut dire. Il ne peut pas continuer comme ça. Jérémie est décidé à changer. Combien de fois s'est-il dit ça ? Autant de fois qu'il a commencé un régime qu'il a abandonné au bout de quelques jours.

* * *

Thomas et Valérie

La retraite ? Thomas et Valérie y pensent depuis longtemps. Thomas est médecin. Généraliste. Dans la banlieue de Lyon. Dans un désert médical. S'il s'arrête, ses patients devront faire des kilomètres pour trouver un médecin. Il ne peut pas les abandonner, et pourtant, il a envie de jeter l'éponge. D'autant plus que Valérie, qui travaille à la préfecture, va pouvoir et devoir prendre sa retraite prochainement. Et ce moment, ils l'ont attendu. Ils ont fait des plans. Ils ont des projets.

Ils savent exactement ce qu'ils vont toucher à la retraite. Et ils savent déjà que ce ne sera pas suffisant. Heureusement qu'ils ont eu la bonne idée d'acheter leur appartement, un petit studio pour étudiant dans le centre de Lyon, où tour à tour leurs enfants ont passé quelques années, et une petite maison sur la Côte d'Azur dont le prix s'est envolé. Ils auront du patrimoine mais pas assez de revenus. Ils ne sont pas à plaindre, mais c'est un problème tout de même. Alors que faire ? Eux qui aiment bien tout prévoir sont un peu pris au dépourvu.

* * *

Lila et François

Pas simple, une famille recomposée. Il a souvent l'impression que les enfants de sa femme lui en veulent. Et ses propres enfants ne sont pas toujours des plus agréables avec sa nouvelle compagne… Et pourtant Lila fait beaucoup d'efforts. Pas simple, mais ça fonctionne quand même. Ça doit fonctionner. François a conscience qu'à 45 ans il a encore la vie devant lui. Lila ne veut pas se marier, il n'insiste pas. Il espère qu'elle changera d'avis un jour. Elle est toujours débordée. Comme toutes les infirmières. Elle pourrait travailler 24 heures sur 24 et 7 jours sur 7. Et c'est ce qu'elle fait parfois, tant les demandes affluent. François admire son courage mais il se demande si, elle aussi, elle va devoir travailler jusqu'à 70 ans, voire plus, pour toucher une retraite misérable.

François s'inquiète aussi pour lui : un changement pourrait lui faire perdre son statut spécial au sein de la fonction publique. Réforme injuste. Il a manifesté, et obtenu gain de cause, pour l'instant. Son régime spécial ne fait pas partie de ceux supprimés par la réforme de 2023. Jusqu'à la prochaine ?

Ils vivent bien. Et donnent à leurs enfants un niveau de vie dont ils ne peuvent pas se plaindre même si, en fait, ils se plaignent tout le temps. Mais ils sont dans un brouillard complet. Sur leur avenir. Sur leur retraite. La retraite… Lila éclate de rire quand il en parle : « Je prendrai ma retraite le jour où ma main tremblera trop pour faire une piqûre et ce n'est pas pour demain. »

* * *

Élie et Charlotte

« J'aimerais bien être à ta place… les semaines de vacances, les horaires, les avantages… j'ai raté ma vie, j'aurais dû être fonctionnaire. » Élie aime bien taquiner sa femme.

Et il sait ce qu'elle va lui répondre.

« Changeons de place, je veux bien sacrifier une partie de mes vacances pour ton salaire qui est dix fois supérieur au mien. Tiens-moi au courant, on change quand tu veux. » Combien de fois Charlotte et lui ont-ils joué le même sketch.

Élie sourit en y pensant.

Il a eu de la chance. À 53 ans, il aime son job, et il aime sa femme après trente ans de mariage. Il lui est reconnaissant d'avoir sacrifié une partie de sa carrière pendant les dix ans où elle s'est occupée des enfants. Elle le lui reproche, et lui répète qu'aujourd'hui, dans la société actuelle, c'est lui qui aurait dû sacrifier sa carrière.

Cela lui rappelle d'ailleurs que ses dix ans d'arrêt vont pénaliser la retraite de sa femme. Il faudra qu'ils réfléchissent au sujet un jour.

Car il pense déjà à la retraite. Il a vu trop de gens emportés très jeunes sans avoir pu s'offrir du temps à eux. Il sait déjà ce qu'il fera chaque jour et à quelle heure.

Quand il pourra s'arrêter.

En attendant, il va quand même faire ses comptes, revoir ses tableaux pour se projeter et commencer à rêver à ses parties quotidiennes de golf.

* * *

Sarah

Elle n'a pas fait un bébé toute seule, comme le dit Jean-Jacques Goldman. Non, elle l'a fait avec un homme. Son mari. Mais il est parti à la naissance. Et depuis, peu de son et pas d'image. À 40 ans, Sarah entre dans la catégorie « mère célibataire », elle n'aime pas qu'on la mette dans cette case. Comme si elle n'était que ça : une mère et une célibataire… Heureusement, elle n'est pas la seule. Elle a même l'impression qu'il n'y a plus que des mères célibataires à Nice.

Elle s'est bien organisée. Elle a toujours su s'organiser. Elle jongle avec la scolarité et les activités sportives de son fils, son job dans une agence de marketing numérique et quelques escapades amoureuses, rares, trop rares.

Sarah vient de recevoir une offre d'embauche. Un chasseur de têtes l'a contactée. Et les entretiens se sont bien passés. Mais elle doit aller s'installer à Paris. La hausse importante de salaire l'a fait hésiter. Elle a peur de bouger, peur d'éloigner son fils de ses copains, de ses copines, de son environnement. L'absence d'un père l'a déjà fragilisé, un déménagement pourrait être encore un arrachement. Mais elle doit penser à leur avenir, à elle, son fils, sa retraite, un jour, loin, très loin, mais un jour quand même.

* * *

Sid et Martine

Cumulard. C'est ce qu'il est : un cumulard. Pas par choix mais par obligation. Il cumule emploi et retraite. À 67 ans, Sid bosse encore. Trop à son goût. Il a fait valoir ses droits mais sa retraite est insuffisante. Il doit donc continuer. Encore et encore. Sans perspective. Martine, elle, a pu prendre sa retraite. Et elle n'avait pas la force de continuer à travailler.

C'est donc lui qui s'y est collé. Sans enthousiasme, mais avec le sens des responsabilités. Martine lui répète tout le temps qu'il devrait s'arrêter et qu'il suffira qu'ils réduisent leur train de vie, ce qui, selon elle, ne changera rien. Mais il pense à ses enfants, et surtout à ses petits-enfants. Il voudrait leur transmettre un peu plus que les histoires qu'il leur raconte avant de les coucher. Il pourrait par exemple vendre leur maison familiale pour un appartement en centre-ville, mais peuvent-ils vraiment quitter cette maison et tous leurs souvenirs ? L'équation n'est pas simple. Il n'aurait jamais pensé que la retraite ressemblerait autant au travail…

* * *

Comment Sid et Martine, Sarah, Gabriel et les autres vont-ils faire pour sauver leur retraite ? Vous trouverez la suite de leurs histoires, avec nos solutions, dans le dernier chapitre de ce livre.

1

Au commencement, l'État créa la retraite…

L'esprit de la retraite

Retournons un peu en arrière. C'est important pour comprendre quel était l'esprit du système des retraites quand il a été créé et surtout quand il a été modernisé.

Au XIXe siècle, il n'y a pas de retraite. Pour personne. Et c'est un sujet dont on parle peu, pour de mauvaises raisons. On meurt jeune, et on travaille aussi longtemps que possible. Le concept même de « retraite » n'existe pas.

Nous sommes en 1910. Le 5 avril, une loi introduit un régime de retraite « spécial », le début d'une longue série, pour les mineurs et les ouvriers. La retraite est fixée à 65 ans. L'espérance de vie est légèrement supérieure à 50 ans. La retraite concerne donc peu de monde.

30 avril 1930. Le principe de la retraite par répartition fait son apparition. Une apparition timide. Un homme meurt en moyenne à 57 ans, il part à la retraite à 65…

Puis vient la grande révolution sociale française d'après guerre. Avec l'ordonnance du 4 octobre 1945. La

Caisse nationale d'assurance vieillesse (Cnav) est créée. Elle prend en charge la gestion d'un régime GÉNÉRAL de retraite. Un homme meurt en moyenne à 60 ans et part à la retraite à 65, une femme peut prendre sa retraite à 60 ans et elle meurt en moyenne à 65.

L'esprit du système de retraite est clair. C'est un système de solidarité nationale, les actifs cotisent pour payer les pensions des retraités. Et c'est un système qui vise à permettre à ceux, rares, qui ont pu vivre au-delà de l'âge de leur retraite de bénéficier du minimum de revenu.

Une retraite qu'on touche à partir de 65 ans pour les hommes, majoritaires dans la population active, alors que l'espérance de vie est en dessous de 65 ans.

Un magnifique système de solidarité, une avancée sociale remarquable, mais un système d'exception. Pour une partie très limitée de la population.

Malgré les réformes successives, le système explose car il ne correspond plus à la nouvelle donne : l'allongement spectaculaire de la durée de vie qui provoque un allongement spectaculaire de l'espérance de vie à la retraite.

On passe en effet d'une espérance de vie à la retraite nulle ou négative, quand le système est conçu, à une espérance de vie à la retraite de près de vingt-cinq ans, alors, qu'en même temps, les naissances s'effondrent, entraînant une chute annoncée de la population active.

Le système n'est plus adapté.

Les réformes successives ont amélioré la situation mais elles n'ont pas réglé le problème.

De réforme en réforme

Des réformes du système des retraites, nous en avons eu. Plusieurs. Heureusement. Sans ces réformes, le système aurait déjà explosé en vol. Mais chaque réforme est venue trop tard. Et aucune ne s'est attaquée aux racines structurelles du mal.

Citons les réformes et les mesures principales :

— la réforme de 1993, ou réforme Balladur, avec l'allongement de la durée de cotisation pour bénéficier d'une pension à taux plein, de 37,5 années à 40 années, avec le mécanisme de décote pour les départs anticipés ;

— la réforme de 2003, ou réforme Fillon, avec l'allongement progressif de la durée de cotisation de 40 à 41 ans, l'introduction de la surcote pour inciter au prolongement de l'activité et le principe de la retraite anticipée pour les carrières longues ;

— la réforme de 2010, ou réforme Woerth, avec le relèvement progressif de l'âge de départ à la retraite de 60 à 62 ans, l'allongement de la durée de cotisation à 41,5 années ;

— la réforme de 2013, ou réforme Touraine, avec la création du compte personnel de prévention de la pénibilité qui permet aux travailleurs aux conditions de travail difficiles de bénéficier d'une retraite anticipée, l'harmonisation progressive des régimes de retraite Agirc-Arrco et la combinaison emploi à temps partiel et retraite partielle ;

— la réforme de 2014, ou réforme Hollande, avec le principe de décote/surcote pour tous les régimes de retraite, le relèvement d'âge de départ à la retraite à taux plein de 65 à 67 ans ;

— et enfin la réforme de 2023.

Cherchez l'erreur

Oui.

On imagine ce que vous vous dites. On avait un âge de départ à la retraite à 65 ans en 1945. Et on rame actuellement pour le ramener au même niveau alors qu'on vit 20 à 25 ans de plus.

Quand tout cela a-t-il dérapé ? En 1982. Avec le gouvernement Mauroy. L'âge de la retraite est abaissé de 65 ans à 60 ans. Retraite à taux plein à 60 ans pour des salariés ayant cotisé 37,5 années et retraite anticipée à 55 ans en cas de pénibilité. Alors que l'espérance de vie d'un homme en 1982 était déjà proche des 72 ans. Voilà l'erreur.

Une erreur magistrale dont nous continuons à payer le prix aujourd'hui.

La réforme de 2023

Nous ne reviendrons pas sur les conditions de l'adoption de la réforme sur les retraites en 2023.

Les souvenirs sont encore frais, et douloureux.

Les éléments principaux de cette retraite :

— évidemment, on en a suffisamment parlé (ou on l'a crié), l'âge légal de départ à la retraite est relevé à 64 ans ;

— les « petites » pensions (carrières incomplètes ou carrières complètes au Smic) sont revalorisées à hauteur de 85 % du Smic net ;

— le dispositif carrière longue intègre de nouveaux seuils d'âge, permettant aux personnes ayant commencé à travailler avant 18 ans ou avant 21 ans, et ayant validé le nombre de trimestres nécessaires, de partir avant l'âge légal de la retraite ;

— la loi dite Touraine de 2014, sur l'augmentation de la durée d'assurance, a été accélérée : mise en place à compter de la génération née en 1965, contre 1973 auparavant ;

— les avantages familiaux sont amplifiés : la naissance d'un enfant donne droit à 8 trimestres de majoration. La majoration du montant de la retraite de base de 10 % pour les parents de 3 enfants ou plus est étendue aux professions libérales et aux avocats. Les femmes ayant eu des enfants peuvent s'arrêter un an avant, dès lors qu'elles cumulent 43 années de cotisations en incluant leurs trimestres de maternité ;

— certains régimes spéciaux sont supprimés, pour les nouveaux embauchés. Sont concernés les régimes des industries électriques et gazières (IEG), de la Régie autonome des transports parisiens (RATP), des clercs et employés de notaire, de la Banque de France et des membres du Conseil économique, social et environnemental (Cese).

Une réforme de plus, donc. Nécessaire. Mais encore insuffisante.

Le COR, le Conseil d'orientation des retraites, est formel : malgré la réforme de 2023, le système des retraites sera largement déficitaire à partir de 2030 et au-delà. Même avec des hypothèses de croissance, de chômage (4,5 % en 2032) et de productivité (très) optimistes, le déficit dépassera les 0,50 % du PIB en 2040. Et on ne vous donne pas les chiffres pour 2070…

Quatre questions à Charles Dennery, docteur en économie et chroniqueur pour *Le Monde*, *Les Échos* et Telos

Quelles vont être les conséquences de l'évolution de la démographie sur notre système de retraite ?
Nous avons un système de retraite par répartition, et il est donc très dépendant de la démographie et de l'espérance de vie. Si les gens vivent plus longtemps, il faut qu'ils travaillent plus longtemps, ou que les actifs cotisent davantage, pour payer leur pension ; ou alors leur pension baisse. Au contraire, si la natalité ou l'immigration sont élevées, alors il y a naturellement un meilleur ratio entre les actifs et les retraités, ce qui permet de payer des pensions plus élevées à un âge plus précoce, ou de collecter des cotisations plus modiques. C'est ce qui s'est passé avec notre système de retraite. En 1945, la population active avait été saignée par deux guerres mondiales, et l'âge normal de la retraite, fixé à 65 ans, pour ne pas coûter trop cher. Mais, avec le baby-boom, le ratio démographique s'est très fortement amélioré quand les baby-boomers ont commencé à travailler. C'est grâce à cette démographie miraculeuse qu'il a été décidé en 1983 de passer à la retraite à 60 ans. Mais la chute de la natalité et l'augmentation de l'espérance

de vie ont rendu ce modèle intenable, et il a fallu le durcir à plusieurs reprises depuis 1993.

Quel est selon vous le système de retraite qui fonctionne le mieux ? répartition ? capitalisation ? mixte ?

L'inconvénient principal d'un régime par répartition, c'est qu'il est très dépendant de la démographie. Si les gens ont moins d'enfants, le système sera plus difficile à financer. Un régime par capitalisation dépend aussi implicitement de la démographie, mais il est possible de diversifier ce risque en investissant dans plusieurs pays, dont certains ont une meilleure démographie. Cela suppose quand même d'investir dans un pays qui respecte suffisamment les droits de propriété pour qu'on soit sûr d'être remboursé ; on pense aux emprunts russes. Dans un pays comme la France, avec une croissance démographique faible, la capitalisation est plutôt préférable à la répartition, si elle est faite correctement : diversification du risque, adéquation du profil de risque selon l'âge et les besoins de l'individu... il faut faire les choses proprement. Le problème, c'est que ce n'est pas un choix abstrait entre deux systèmes de retraite obligatoire. Si on voulait passer aujourd'hui à de la capitalisation, il faudrait que les salariés paient deux fois, pour payer les pensions des retraités actuels et pour accumuler leur propre épargne en capitalisation. L'enjeu financier est absolument énorme et empêche de passer à un régime par capitalisation obligatoire. Mais ça n'empêche pas de souscrire, volontairement, à des solutions individuelles d'épargne retraite par capitalisation, investie dans le support de son choix.

Est-ce que le niveau élevé de l'épargne des Français reflète en partie leurs craintes sur le système de retraite ?
Je n'en suis pas sûr. Certains épargnent avant la retraite parce qu'ils ont peur d'avoir une pension un peu faible, mais ceux qui continuent à épargner alors qu'ils sont déjà à la retraite ne le font pas par peur d'une faillite du système. La logique économique voudrait qu'ils cessent d'épargner une fois à la retraite, voire qu'ils vendent leur maison pour consommer ce cash jusqu'à leur mort, mais beaucoup préfèrent maintenir intact leur patrimoine, voire continuer à l'augmenter, pour le transmettre à leurs héritiers. L'assurance-vie et les PER sont une niche fiscale importante dans une logique successorale. Ce qui est dommage, c'est que l'épargne retraite ne permet pas réellement de s'arrêter un peu avant l'âge de la retraite, pour les gens qui le souhaitent : on pourrait envisager qu'elle puisse être débloquée deux ans avant par exemple.

Faut-il maintenir les régimes spéciaux ? Faut-il maintenir la différence de système de retraite entre le secteur public et le secteur privé ?
Ce n'est pas forcément choquant, en soi, que certaines professions veuillent partir un peu plus tôt que d'autres, si leurs conditions de travail sont vraiment pénibles. Un éboueur ou un cheminot qui a travaillé toute sa vie le soir et le week-end, on peut trouver normal qu'il parte un peu plus tôt. Mais cela suppose que ce coût soit correctement provisionné, et partagé entre l'employeur et l'employé. Les régimes spéciaux correspondaient peut-être à une mortalité plus élevée par le passé, mais aujourd'hui ce n'est plus vraiment le cas, et s'ils partent

plus tôt avec une espérance de vie non dégradée, ils coûteront plus cher que les autres. Actuellement, les policiers et les enseignants cotisent au même régime. La retraite anticipée des policiers est donc en partie payée par des cotisations des enseignants, ce qui n'est pas souhaitable. La Suisse a un système assez intéressant : le régime de base est commun à tous les salariés, mais les caisses complémentaires sont différentes d'une profession à une autre, et certaines appliquent des cotisations plus élevées. Grâce à des cotisations (employeur et employé) élevées, les maçons ou les cheminots ont ainsi des droits relativement élevés, et ils peuvent les utiliser sous forme de préretraite pour partir dès 60 ans, s'ils le souhaitent.

2

Les essentiels de la retraite

Les chiffres clés

— 18 millions de Français touchent des pensions : 16,5 millions en France et 1,5 million à l'étranger.

— 4,4 millions de personnes perçoivent des pensions de réversion.

— Un quart des retraités sont polypensionnés.

— Le régime général des salariés du secteur privé, qui comprend les artisans et commerçants depuis 2020, verse des pensions à 14,9 millions de personnes.

— Les pensions de retraite représentent le premier poste des dépenses sociales publiques et privées avec 338 milliards d'euros, soit 13 % du PIB.

— L'âge de départ effectif à la retraite est de 62 ans et 7 mois et a progressé de plus de 2 ans en 12 ans.

— La pension nette moyenne est de 1 459 euros nets par mois. Les femmes perçoivent en moyenne 1 272 euros, soit 24 % de moins que les hommes (1 674 euros).

— La pension nette moyenne est plus faible pour les travailleurs commerçants et les artisans (1 200 euros), les exploitants agricoles, les fonctionnaires territoriaux

(1 300 euros), et les militaires (1 391 euros), mais plus élevée pour les fonctionnaires hospitaliers (1 473 euros), les fonctionnaires civils de l'État (2 162 euros) et les professions libérales (2 340 euros).

— 635 300 personnes perçoivent l'allocation supplémentaire du minimum vieillesse (ASV) ou l'allocation de solidarité aux personnes âgées (Aspa).

(Selon le dernier rapport de la Direction de la recherche, des études, de l'évaluation et des statistiques, « Les retraités et les retraites » et le site « La retraite en clair ».)

Les dix questions que vous devez vous poser sur la retraite

Quelle différence entre pension et retraite ?

Le terme « pension » et le terme « retraite » sont souvent utilisés de manière interchangeable pour désigner le versement régulier d'une somme à une personne lorsqu'elle cesse son activité professionnelle et atteint l'âge de la retraite. Cependant, il existe une légère différence entre les deux termes.

Le mot « retraite » fait référence à l'ensemble du processus de cessation d'activité professionnelle et de transition vers une période de vie sans emploi rémunéré.

En revanche, le terme « pension » est plus spécifique et se réfère généralement à la somme versée à un individu au titre d'une prestation d'une retraite.

Dans le contexte des retraites en France, le terme couramment utilisé est « pension de retraite » pour désigner les paiements réguliers reçus par les retraités.

Qu'est-ce qu'une pension de droit direct ou de « droit propre » et une pension de droit dérivé ?

Une pension de droit direct est une prestation de retraite accordée directement à une personne en raison de ses propres cotisations et de sa carrière professionnelle. Il s'agit de la pension à laquelle une personne a droit en tant qu'assuré principal, fondée sur ses propres périodes d'activité et de cotisation au système de retraite.

Une pension de droit dérivé est une prestation fondée sur les droits acquis par une autre personne, par exemple la pension de réversion.

Qu'est-ce qu'une pension de réversion ?

À votre décès (sympa comme perspective non ?), votre époux(se) ou ex-époux(se) pourra percevoir ce qu'on appelle une « pension de réversion ».

Une pension de réversion est une prestation de retraite versée à un conjoint survivant ou à un ex-conjoint après le décès d'un assuré social.

La pension de réversion est destinée aux conjoints mariés. Les concubins et les partenaires de Pacs n'y ont pas droit. En revanche, les ex-conjoints divorcés peuvent en bénéficier dans certains cas spécifiques (voir plus loin le détail de chaque régime).

Le montant de cette réversion dépend de chaque régime. Il est généralement compris entre 50 et 54 %, voire 60 % pour certains régimes complémentaires/spéciaux. Ce montant peut aussi être majoré si vous avez souscrit à une option spécifique (qui diminue la pension de base au profit de la pension de réversion).

Quels sont les principes d'un régime de retraite par répartition ?

— Solidarité intergénérationnelle : les travailleurs actifs cotisent pour financer les pensions des retraités actuels.
— Redistribution des revenus : les cotisations des travailleurs actifs sont redistribuées sous forme de pensions de retraite pour soutenir les personnes ayant des carrières moins rémunérées ou interrompues.
— Principe de partage : les cotisations sont réparties entre les différentes catégories de retraités, sans lien direct entre les cotisations individuelles et le montant de la pension future.
— Stabilité et partage des risques : ce système offre une stabilité en garantissant un revenu régulier aux retraités et partage les risques liés aux rendements des investissements et à la longévité entre les générations. Une stabilité toute relative néanmoins car il faut trouver les moyens de financer ce « partage des risques ».

Quels sont les principes d'un régime de retraite par capitalisation ?

— Financement individuel : les individus cotisent individuellement à des fonds de pension privés ou à des comptes personnels d'épargne-retraite.

— Individualité des pensions : chaque individu bénéficie d'une pension de retraite fondée sur les montants accumulés dans son compte de capitalisation individuel, sans partage des cotisations ou des prestations.

— Dépendance aux revenus et aux rendements : les pensions de retraite dans ce système dépendent des cotisations versées par l'individu et des performances des investissements réalisés avec ces cotisations.

— Risques individuels : ce système expose les individus aux fluctuations des marchés financiers et au « risque » de longévité, où ils assument le risque de vivre plus longtemps...

Qu'est-ce qu'un régime de retraite ?

La gestion des retraites pour les différentes professions est assurée dans le cadre de « régimes ».

Chaque profession a son régime obligatoire, qui est composé d'un régime de base et de régimes complémentaires.

Les régimes de base

Ce sont les fondements de notre système de retraite. Ce sont les régimes qui sont légalement obligatoires et qui couvrent toutes les professions, des salariés du privé aux travailleurs non salariés en passant par les fonctionnaires.

Les régimes de base sont aussi appelés régimes légaux. Le principe de la retraite de base est le versement d'une pension en fonction des cotisations versées.

Les régimes complémentaires

Ils sont également obligatoires et sont fondés, comme les régimes de base, sur le principe de la répartition. La plupart des régimes complémentaires fonctionnent selon un principe de points : chaque cotisation versée rapporte un certain nombre de points (et le prix du point varie chaque année). Lors de la liquidation, le retraité obtient une pension qui est égale au nombre de points multiplié par leur valeur de liquidation (qui varie également chaque année).

Qu'est-ce qu'un régime spécial ?

Les régimes spéciaux constituent le quatrième bloc de régimes de Sécurité sociale (à côté du régime général, du régime agricole et du régime des travailleurs non salariés et non agricoles). L'État et certains employeurs privés ont, au cours de l'histoire, créé des régimes de protection sociale spécifiques à certains secteurs d'activité. Ces régimes fonctionnent sur la base d'une solidarité restreinte à une profession ou à une entreprise.

Lors de la création du régime général de Sécurité sociale en 1945, les régimes spéciaux ont été conservés. Exemples : les militaires, la SNCF, la RATP, les notaires, les marins, l'Opéra national de Paris, la Comédie-Française, le Sénat, les cultes, les agents de collectivités locales.

Combien y a-t-il de régimes spéciaux en France ?

Trop...

Il existe une quinzaine de régimes spéciaux de retraite en France. Leur nombre n'est pas tout à fait connu, ou plutôt les analystes ne sont pas toujours d'accord sur la définition d'un régime spécial. Les régimes spéciaux sont tellement spéciaux qu'on n'en connaît même pas le nombre... Est-ce que le régime général des fonctionnaires, qui bénéficient d'un taux de pension avantageux de 75 % de leur dernier salaire, est un régime spécial ? Qu'en est-il du personnel navigant de l'aviation civile, qui dépend du régime général de retraite, comme tous les salariés du privé, mais bénéficie d'un système de retraite complémentaire avantageux ? Le régime des cultes est-il vraiment un régime spécial alors que les membres du culte touchent la même pension que les salariés (50 % de leur salaire moyen) ? Tantôt 13, tantôt 14 ou 15, les régimes spéciaux sont en réalité, si on compte tous les cas particuliers, au nombre de 19, qu'on sépare en trois catégories :

— Les régimes de la fonction publique :
- régime des fonctionnaires, magistrats et militaires relevant du code des pensions civiles et militaires de retraite ;
- régime des agents des collectivités locales ;
- régime des ouvriers des établissements industriels de l'État ;

- régime des parlementaires ;
- régime (complémentaire) des agents non titulaires de l'État et des collectivités locales.

— Les régimes propres à certaines entreprises et établissements publics :

- régime des agents de la SNCF (cheminots) ;
- régime des agents de la RATP ;
- régime du Port autonome de Strasbourg ;
- régime des agents de la Banque de France ;
- régime des agents EDF (Électricité de France) et GDF (Gaz de France) ;
- régime des salariés de la Comédie-Française ;
- régime du personnel de l'Opéra national de Paris.

— Les régimes propres à une certaine base professionnelle :

- régime des marins ;
- régime des mineurs ;
- régime des clercs et employés de notaire ;
- régime des avocats ;
- régime des membres des cultes ;
- régime (complémentaire) du personnel navigant de l'aviation civile ;
- régime (complémentaire) des artistes auteurs d'œuvres originales.

À cela, on pourrait également ajouter les dix régimes complémentaires des professions libérales.

Les 35 organismes de retraite

Salariés

	RETRAITE DE BASE		RETRAITE COMPLÉMENTAIRE
Salariés de l'agriculture	**MSA** Mutualité sociale agricole	+	**Arrco** Retraite complémentaire des salariés / **Agirc** Retraite complémentaire des cadres
Salariés de l'industrie, du commerce et des services	**Assurance retraite** Régime général de la Sécurité sociale	+	**Arrco** Retraite complémentaire des salariés / **Agirc** Retraite complémentaire des cadres
Agents non titulaires de l'État et des collectivités publiques	**Assurance retraite** Régime général de la Sécurité sociale	+	**Ircantec**
Personnel navigant de l'aviation civile	**Assurance retraite** Régime général de la Sécurité sociale	+	**CRPN**
Salariés relevant d'entreprises ou de professions à statut particulier	**Banque de France, retraite des Mines, CNIEG** (Gaz-Élec.), **CRPCF** (Comédie-Française), **CRPCEN** (clercs et employés de notaires), **ENIM** (marine), **Opéra de Paris, Port autonome de Strasbourg, CRP RATP, CPRPSNCF.**		

Fonctionnaires

	RETRAITE DE BASE		RETRAITE COMPLÉMENTAIRE
Fonctionnaires de l'État, magistrats et militaires	**Service des retraites de l'État**	+	**RAFP** Retraite additionnelle
Agents de la fonction publique territoriale et hospitalière	**CNRACL** Caisse nationale de retraites des agents des collectivités locales	+	**RAFP** Retraite additionnelle
Ouvriers de l'État	**FSPOEIE** Fonds spécial des pensions des ouvriers des établissements industriels de l'État		

Non-salariés

	RETRAITE DE BASE		RETRAITE COMPLÉMENTAIRE
Exploitants agricoles	**MSA** Mutualité sociale agricole		
Artisans, commerçants et industriels	**SSI** Sécurité sociale indépendants		
Professions libérales	**CNAVPL** Caisse nationale d'assurance vieillesse des professions libérales Retraite de base + complémentaire + supplémentaire selon les sections professionnelles **CRN** (notaires), **Cavom** (officiers ministériels), **CARMF** (médecins), **CARCDSF** (dentistes et sages-femmes), **CAVP** (pharmaciens), **Carpimko** (infirmiers, kinésithérapeutes…), **CARPV** (vétérinaires), **Camavac** (agents d'assurances), **Cavec** (experts-comptables), **Cipav** (architectes et professions libérales diverses)		
Professions libérales	**CNBF** (avocats) Caisse nationale des barreaux français		
Artistes, auteurs d'œuvres originales	**Assurance retraite** Régime général de la Sécurité sociale	+	**Ircec** Retraite complémentaire
Patrons pêcheurs embarqués	**Enim**		
Membres des cultes	**Cavimac** Caisse d'assurance vieillesse, invalidité et maladie des cultes		

(Source : journaldesseniors.fr)

Info-retraite est le site du groupement d'intérêt public qui regroupe les trente-cinq organismes de retraite obligatoire (base et complémentaires).

C'est une mine d'informations pratiques et la plupart des publications sur la retraite sont des copier-coller des informations fournies par ce site… Ce n'est pas notre but. Nous vous incitons donc à y passer autant de temps que nécessaire pour compléter les éléments sur lesquels nous travaillons ensemble dans ce livre : www.info-retraite.fr.

Nous vous recommandons notamment la brochure à télécharger sur les démarches pour bien préparer votre départ en retraite. Elle est particulièrement bien faite.

Quelle différence entre l'âge légal de départ à la retraite et l'âge de départ à taux plein ?

— Âge légal de départ à la retraite : il s'agit de l'âge à partir duquel vous êtes autorisé à prendre votre retraite et à commencer à recevoir des pensions de retraite.

Dans la plupart des régimes (sauf certains régimes complémentaires et spéciaux), l'âge d'ouverture des droits à la retraite va être progressivement décalé à la suite de la réforme de 2023, de 62 ans (pour les générations nées avant 1960) à 64 ans (pour les générations nées après 1968).

— Âge de départ à taux plein : il s'agit de l'âge à partir duquel vous êtes admissible à recevoir des prestations de retraite à taux plein, c'est-à-dire le montant complet auquel vous avez droit selon votre carrière professionnelle et vos cotisations. Sans décote. Depuis la réforme Hollande de 2014, l'âge de départ à taux plein est de 67 ans (sauf certains régimes complémentaires et spéciaux).

À QUEL ÂGE PEUT-ON PARTIR À LA RETRAITE ?

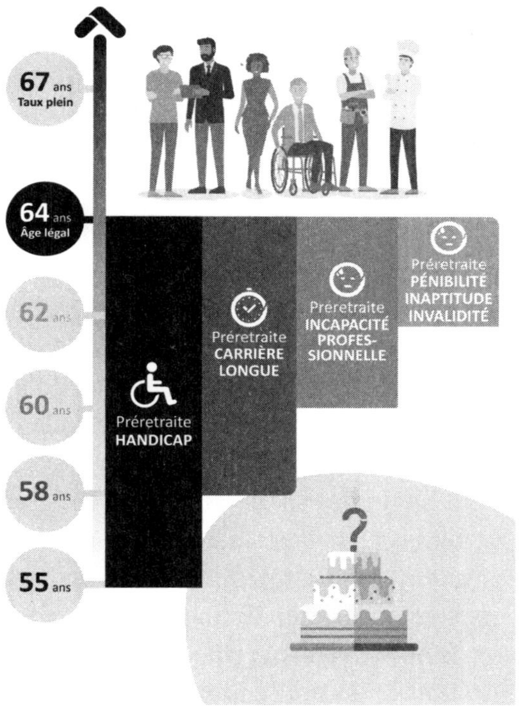

(Source : la-retraite-en-clair.fr)

Dans certaines conditions, il est possible de demander un départ anticipé, à taux plein, à partir de 55 ans (ex : handicap, pénibilité, carrières longues, etc.).

Certains fonctionnaires de catégorie dite active (pompier, aide-soignant, etc.) ou super-active (ex : fonctionnaire des réseaux souterrains des égouts, personnel de surveillance de l'administration pénitentiaire) ont le droit à un départ anticipé : 57 ans pour les catégories actives et 52 pour les emplois de la catégorie super-active. Les emplois relevant de la catégorie active sont classés par décret pour la fonction publique d'État ou arrêté ministériel pour les fonctions publiques territoriale et hospitalière.

Qu'est-ce que la durée d'assurance ?

Dès lors qu'un actif part à la retraite avant l'âge de départ à taux plein, il risque de subir une décote. Cette décote dépend de sa durée d'assurance. La durée d'assurance est donc un élément déterminant du calcul des pensions de retraite. Elle correspond à la période d'activité professionnelle d'un cotisant. Elle se comptabilise en trimestres (seuls sont retenus les trimestres entièrement travaillés). Certaines périodes d'interruption d'activité sont prises en compte (ex. : chômage, congé maternité…) et le cotisant peut bénéficier de trimestres de majoration d'assurance accordés en fonction de certaines situations (ex. : majoration « Maternité » ou « Éducation » pour un enfant), et de trimestres rachetés.

Pour bénéficier d'une retraite à taux plein, avant l'âge légal de départ à taux plein, l'assuré doit donc avoir validé un certain nombre de trimestres : 167 si vous êtes né en 1960 ou avant. Mais ce niveau passe progressivement, et rapidement, à 172 trimestres si vous êtes né en 1965 ou après.

Depuis 2019, les personnes nées à partir de 1953 se voient appliquer uniformément une décote de 1,25 % par trimestre manquant.

Âge d'ouverture des droits et trimestres pour le taux plein

Année de naissance	Âge de départ légal	Avant la réforme	Après la réforme
1960	62 ans	167 trimestres 41 ans et 9 mois	**167 trimestres** 41 ans et 9 mois
Janvier 1961 à août 1961	62 ans	168 trimestres 42 ans	**168 trimestres** 42 ans
Septembre 1961 à décembre 1961	62 ans et 3 mois	168 trimestres 42 ans	**169 trimestres** 42 ans et 3 mois
1962	62 ans et 6 mois	168 trimestres 42 ans	**169 trimestres** 42 ans et 3 mois
1963	62 ans et 9 mois	168 trimestres 42 ans	**170 trimestres** 42 ans et 6 mois
1964	63 ans	169 trimestres 42 ans et 3 mois	**171 trimestres** 42 ans et 9 mois
1965	63 ans et 3 mois	169 trimestres 42 ans et 3 mois	**172 trimestres** 43 ans
1966	63 ans et 6 mois	169 trimestres 42 ans et 3 mois	**172 trimestres** 43 ans
1967	63 ans et 9 mois	170 trimestres 42 ans et 6 mois	**172 trimestres** 43 ans
1968	64 ans	170 trimestres 42 ans et 6 mois	**172 trimestres** 43 ans
1969	64 ans	170 trimestres 42 ans et 6 mois	**172 trimestres** 43 ans
1970	64 ans	171 trimestres 42 ans et 9 mois	**172 trimestres** 43 ans
1971	64 ans	171 trimestres 42 ans et 9 mois	**172 trimestres** 43 ans
1972	64 ans	171 trimestres 42 ans et 9 mois	**172 trimestres** 43 ans
1973	64 ans	172 trimestres 43 ans	**172 trimestres** 43 ans

(Source : moneyvox.fr)

Suivre de près votre relevé de situation individuelle : une priorité

Le plus tôt possible

Afin d'optimiser votre départ à la retraite et sa préparation, il est indispensable de faire des check-up réguliers. Pour ce faire, la première démarche consiste à créer votre compte retraite sur info-retraite.fr. Ne dites pas : « Je n'ai pas le temps », « C'est trop tôt, ça ne me regarde pas. » En matière de préparation de la retraite, la procrastination vous coûte une fortune. Et tout a été aujourd'hui simplifié à l'extrême, vous n'avez pas d'excuses.

Votre compte retraite vous donne accès :

— à votre relevé de carrière dont vous pouvez demander la correction ;

— aux coordonnées de vos caisses de retraite ;

— à une brochure personnalisée comportant les informations utiles sur vos droits à la retraite selon votre parcours professionnel et votre situation personnelle ;

— aux simulations et estimations retraite disponibles selon votre âge ;

— à un service d'information vous permettant de savoir si vous bénéficiez de contrats épargne retraite.

Votre relevé de carrière, ou relevé de situation individuelle (RIS), est une synthèse de vos droits acquis pour la retraite. C'est un relevé de carrière inter-régimes. Ce document reprend l'intégralité des droits à la retraite que vous avez acquis au cours de votre carrière, dans les différents régimes de retraite auxquels vous avez cotisé (obligatoires et complémentaires).

Le RIS comprend :
— les trimestres cotisés pour la retraite de base, tous régimes confondus ;
— les points acquis pour la retraite complémentaire ;
— les différents régimes dont vous avez dépendu, ainsi que les revenus sur lesquels vous avez payé des cotisations.
Le RIS est un document de référence qui vous permet d'avoir une vision globale de vos droits. Les meilleures années sont réparties au prorata de votre durée d'assurance dans les différents régimes.
Il est consultable à tout moment dans votre compte retraite, et envoyé par courrier ou par e-mail, en fonction de vos préférences de contact, tous les cinq ans à partir de 35 ans.

À l'approche de la retraite
Dès 55 ans, jusqu'à l'âge du passage à la retraite, vous recevrez tous les cinq ans une « estimation indicative globale ». Envoyée par la Cnav ou l'une des caisses de retraite auxquelles vous avez été affilié, cette estimation reprend les informations du relevé individuel de situation (RIS) et vous fournit, en plus, une estimation de votre pension, en fonction de l'âge de départ en retraite retenu.
C'est parfois, surtout si on ne s'est occupé de rien avant 55 ans, une course contre la montre : dix ans, c'est court pour tout comprendre de votre retraite et bien choisir votre date de départ, reconstituer une carrière qui a des trous, et surtout vous préparer un complément de retraite pour compenser la perte de revenus que vous n'aviez pas forcément anticipée et qui vous saute aux yeux lorsque vous recevez votre estimation indicative.

Demandez la liquidation de votre retraite
Un an avant votre retraite, vérifiez les éléments essentiels et fixez la date de votre départ, puis six mois avant cette date, vous pouvez faire la demande en ligne depuis le site de l'Ensap (fonctionnaire d'État) ou sur le site de la Caisse des dépôts (fonctionnaires territoriaux ou hospitaliers).

3

Quel est votre régime de retraite ?

Vous êtes salarié du privé

Qui êtes-vous ?

Vous avez choisi, comme près de 20 millions de personnes, soit 66 % de la population active, de travailler pour une entreprise du secteur privé.

Par conviction (vive le capitalisme !), confort (c'est quand même plus tranquille, d'être salarié...) ou peut-être par défaut (vous ne rêviez pas d'être « salarié du privé » quand vous étiez petit...).

Une entreprise privée est une entreprise qui n'appartient pas à l'État, son capital étant détenu par des personnes physiques ou morales privées.

En échange de votre travail, vous recevez chaque mois un salaire fixe, plus, éventuellement, une partie variable, sur lesquels vous payez des cotisations sociales, dont l'assurance vieillesse pour votre retraite.

Vous entrez dans une de ces catégories :

— salariés cadres et non cadres de l'industrie, du commerce et des services ;

— dirigeants salariés, et gérants minoritaires ou égalitaires de SARL ;
— agents non titulaires de l'État ou des collectivités locales ;
— personnel navigant de l'aviation civile ;
— salariés agricoles.

À quoi cotisez-vous ?

Les salariés cotisent dans la grande majorité au **régime général de Sécurité sociale**. Seuls les salariés agricoles cotisent à une caisse spécifique, la MSA (Mutuelle sociale agricole). Mais leurs cotisations vieillesse sont les mêmes que celles du régime général.

Le salarié verse à la caisse 6,90 % de la part de son salaire située sous le Plafond mensuel de la Sécurité sociale (PMSS) (3 666 euros par mois en 2023), 0,40 % sur l'ensemble de son salaire (cotisation « déplafonnée »). Son employeur verse respectivement 8,55 % et 1,90 %.

Depuis le 1er juillet 2021, les salariés agricoles non cadres qui ont au moins 12 mois d'ancienneté doivent disposer d'un plan d'épargne retraite (PER) en points. Il s'agit d'un dispositif d'épargne retraite supplémentaire permettant d'augmenter les revenus une fois à la retraite. Ce nouveau régime est obligatoire. La cotisation est de 1 %, prise en charge à 50 % par l'employeur et à 50 % par le salarié. Celui-ci pourra également y faire des versements volontaires et y placer des jours de Compte épargne-temps (CET). Cette mesure vise à rendre les métiers agricoles plus attractifs et à fidéliser les salariés.

Le salarié (y compris agricole) et son employeur versent également des cotisations au **régime de retraite complémentaire Agirc-Arrco.**

Avant 2019, la retraite complémentaire des salariés du privé était gérée par deux régimes différents. Tous les salariés cotisaient à l'Arrco, et les cadres cotisaient en plus à l'Agirc, selon des modalités différentes. Depuis la fusion de ces deux régimes, tous, cadres et non-cadres, cotisent aux mêmes taux, en fonction de leurs revenus. Les cotisations Agirc-Arrco se répartissent en deux catégories :

— les cotisations Agirc-Arrco proprement dites. Elles permettent l'acquisition de points et donc de se constituer des droits pour la retraite. Le nombre de points obtenus dépend du montant cotisé et du prix du point. En 2023, le prix d'achat du point Agirc-Arrco était de 17,4316 euros ;

— la contribution d'équilibre général (CEG) et la contribution d'équilibre technique (CET). Ces deux contributions ne permettent pas d'acquérir de points. Elles ont été mises en place pour participer au financement et à l'équilibre du régime.

Le montant de la cotisation dépend de la tranche :

— la tranche 1 représente la part de salaire mensuel brut sous le PMSS. Si le salaire brut est inférieur à 1 PMSS, seules les cotisations Agirc-Arrco et la CEG sont dues. Si le salaire brut est supérieur à 1 PMSS, la CET s'ajoute ;

Cotisation	Employeur	Salarié
Cotisation Agirc-Arrco	4,72 %	3,15 %
CEG	1,29 %	0,86 %
CET	0,21 %	0,14 %
Total sans CET	**6,01 %**	**4,01 %**
Total avec CET	**6,22 %**	**4,15 %**

— la tranche 2 représente la part de salaire mensuel brut qui dépasse 1 PMSS. Les cotisations sont plafonnées à 8 PMSS : elles ne s'appliquent que sur la part de salaire comprise entre 1 et 8 PMSS.

Cotisation	Employeur	Salarié
Cotisation Agirc-Arrco	12,95 %	8,64 %
CEG	1,62 %	1,08 %
CET	0,21 %	0,14 %
Total	**14,78 %**	**9,86 %**

Combien percevrez-vous pour votre retraite ?

Pour ceux qui partent avec une retraite à taux plein du régime de base, la pension sera égale à :

Retraite à taux plein
= 50 % × salaire annuel moyen (SAM)

SAM, c'est la moyenne de vos salaires annuels, en prenant les 25 meilleures années de votre carrière (quel que soit le nombre d'années). En revanche, il ne s'agit pas du salaire tel qu'il apparaît sur vos fiches de paie des années passées. Il y a en effet deux subtilités :

— les salaires pris en compte ne sont retenus que dans la limite du plafond annuel de la Sécurité sociale (PASS) de l'année concernée. En clair, un salaire mensuel trop élevé est plafonné ;

— ce montant, votre salaire, ou le Pass si votre salaire le dépassait, est ensuite revalorisé en fonction de l'évolution des prix, suivant la grille des coefficients actualisée chaque année au 1er janvier. En clair, votre salaire de 2003 est revalorisé de l'inflation depuis vingt ans pour le calcul de votre pension.

Dès lors que vous n'avez pas 67 ans au moment de votre départ, ni la durée d'assurance nécessaire au taux plein, vous allez subir une décote. C'est même une double décote :

— votre taux de liquidation, qui s'applique à votre SAM (50 % quand vous avez le taux plein), sera réduit en fonction du nombre de trimestres manquants (généralement 1,25 point par trimestre manquant) ;

— le résultat sera proratisé selon la durée effective d'assurance. Donc, s'il vous manque 17 trimestres sur 170 demandés, votre retraite sera proratisée à 90 % (153/170).

Retraite avec décote :

Formule de calcul de pension des salariés

Montant annuel de la retraite du régime général = **Salaire annuel moyen** (25 meilleures années) × **Taux** 50 % – (décote × Nb trimestres manquants) × **Durée d'assurance au régime général** (Nb de trimestres validés) / **Durée d'assurance requise** (Nb max de trimestres retenus)

(Source : retraite.com)

Exemple : Élisabeth, née en 1968, aura 64 ans en 2032 et 170 trimestres (2 trimestres manquants). Son SAM est de 42 000 euros. Sa pension sera de :

42 000 euros × 47,50 % × 170/172
= 19 718 euros (1 643 euros par mois)

Les salariés du privé reçoivent également une pension de retraite complémentaire de l'Agirc-Arrco. Cette pension dépend du nombre de points collectés par le cotisant. En effet, chaque euro cotisé donne droit à des points de retraite. La valeur du point de retraite est déterminée chaque année par les gestionnaires du régime et publiée au 1er novembre. Ainsi, en 2023, la valeur du point avait été fixée à 1,3498 euro.

Comme pour le régime de retraite de base, un coefficient de minoration s'applique pour les personnes partant à la retraite avant 67 ans et sans avoir validé tous leurs trimestres. Pour les personnes nées après 1955 et qui partent entre 64 et 67 ans, le coefficient de minoration est de 1 point par trimestre.

Le régime Agirc-Arrco prévoit également un dispositif de majoration/minoration temporaire. Il est destiné à encourager la poursuite de l'activité au-delà de l'âge auquel les conditions sont remplies pour obtenir sa retraite à taux plein. Ce dispositif prévoit :

— une minoration temporaire de 10 %, pendant trois ans, pour ceux qui liquident leur retraite complémentaire avant 67 ans avec tous leurs trimestres. Cette minoration s'applique au plus tard lorsque le retraité atteint l'âge de 67 ans ;

— aucune minoration pour ceux qui demandent leur retraite complémentaire un an après la date à laquelle ils remplissent les conditions de la retraite à taux plein au régime de base ;

— une majoration temporaire de 10 % pendant un an pour ceux qui demandent leur retraite complémentaire deux ans après la date à laquelle ils remplissent les conditions de la retraite à taux plein au régime de base, 20 % s'ils décalent de trois ans et 30 % s'ils décalent de quatre ans.

Exemple : Jean-Claude est né en 1958.
Au 1er janvier 2023, il a acquis un total de 6 430 points sur 169 trimestres (3 trimestres manquants). Sa pension Agirc-Arrco était de :

6 430 points × 1,3498 euros × 97 %
= 8 418,83 euros annuels, soit 701,50 euros par mois.

Il peut attendre 3 trimestres pour bénéficier d'une retraite de base à taux plein, minorée de 10 % pendant 1 an (il aura alors 67 ans).

Et si vous mourez ?

Si vous mourez (sympa comme perspective, non ?), votre conjoint survivant (le veuf ou la veuve), et parfois même votre ex-conjoint divorcé (et même si vous voudriez qu'il ne touche pas un sou…), aura le droit à une pension de réversion de 54 % de votre retraite de base, à trois conditions :

— avoir été marié avec l'assuré. Dans l'hypothèse où vous auriez été marié plusieurs fois – sacré(e) séducteur(trice) –, la pension de réversion serait partagée entre tous vos ex-conjoints y compris le(la) veuf(ve), sous réserve qu'ils remplissent les conditions d'attribution, au prorata de la durée de chaque mariage par rapport à votre durée globale de mariage. Toutefois, en cas de décès d'un des bénéficiaires potentiels, sa part est redistribuée aux autres conjoints survivants ;

— avoir au moins 55 ans ;

— avoir un revenu annuel inférieur à un certain seuil fixé chaque année, en tenant compte des revenus du patrimoine, des revenus du couple si la personne est en couple, ou encore si la personne est propriétaire de sa résidence principale (revenu « fictif» de 3 % de la valeur du bien pris en compte).

À la différence de la retraite de base de la Sécurité sociale, la pension de réversion de la retraite complémentaire de l'Agirc-Arrco est attribuée sans condition de ressources. Elle s'élève à 60 % de la pension que vous percevez. En revanche, seuls les conjoints non remariés sont pris en compte dans le partage. Et si l'un des ex-conjoints se remarie, il perd son droit, et sa part n'est pas redistribuée aux autres bénéficiaires.

Cas particulier : retraites complémentaires des agents de l'aviation civile et des agents non titulaires de la fonction publique

S'ils dépendent du régime général pour la retraite de base, les agents de l'aviation civile et les agents non titulaires de la fonction publique ont en revanche leurs propres régimes de retraite complémentaire : la CRPN (Caisse de retraite du personnel navigant professionnel de l'aéronautique civile) et l'Ircantec (Institution de retraite complémentaire des agents non titulaires de l'État et des collectivités publiques).

Le régime complémentaire de l'aviation civile est très favorable, puisque l'agent peut liquider sa retraite complémentaire à partir de 50 ans, avec une décote, ou à taux plein s'il a 55 ans, ou si la somme de l'âge et du nombre d'annuités dépasse 80. Hors décote ou majoration, la pension complémentaire est égale à :

> Moyenne des salaires revalorisés
> pris dans la limite de 4 fois le Pass
> des 25 meilleures années × nombre d'annuités
> × 1,85 %.
> + Éventuellement : Moyenne des salaires
> revalorisés pris entre 4 et 8 fois le Pass
> des 25 meilleures années × nombre d'annuités
> × 1,4 %.

Le régime complémentaire des agents non titulaires de la fonction publique est plus classique et pas plus avantageux que celui des autres salariés : l'âge d'ouverture des droits est à 64 ans, 67 ans si on veut la retraite à taux plein. Le calcul dépend du nombre de points accumulés, et de la valeur du point (0,5161 euros en 2023). De plus, ce régime complémentaire ne donne droit à une réversion que si le mariage a duré plus de quatre ans (au moins deux ans avant les 55 ans du conjoint décédé). Cette condition d'âge est supprimée s'il y a un enfant de l'union.

Vous êtes fonctionnaire

Qui êtes-vous ?

Vous avez choisi, comme près de 6 millions de personnes, soit 1/5 de la population active, de travailler pour l'État. Peut-être par conviction (la Fraaaaance !) mais, plus souvent, par vocation. On ne devient pas policier, pompier, enseignant par hasard. Et il ne faut évidemment pas oublier la fameuse « sécurité de l'emploi ».

Un fonctionnaire est une personne qui occupe un emploi permanent dans une administration publique. Dans le cas d'un fonctionnaire, on ne parle pas de salaire mais d'un « traitement indiciaire ». Cette rémunération est calculée en fonction d'un indice majoré et dépend du grade et de l'échelon du fonctionnaire.

Vous entrez dans une de ces catégories :

— fonctionnaires d'État : administrations centrales et services déconcentrés de l'État et de ses établissements publics ;

— fonctionnaires territoriaux : régions, départements, communes et leurs établissements publics ;

— fonctionnaires hospitaliers : agents travaillant dans les établissements publics de santé, établissements sociaux ou médico-sociaux comme les hôpitaux publics et les maisons de retraite.

À quoi cotisez-vous ?

Les fonctionnaires d'État cotisent au SRE, **le service des retraites de l'État**, tandis que les fonctionnaires territoriaux et hospitaliers cotisent à la CNRACL, la

Caisse nationale de retraite des agents des collectivités locales.

Les régimes des fonctionnaires sont alimentés par une cotisation salariale et une cotisation « employeur » à la charge de la collectivité publique dont ils relèvent.

La part « employé » est la même pour tous les fonctionnaires. Elle s'élève à 11,10 %.

Pour les fonctionnaires d'État, la part « employeur » représente 74,28 % de la rémunération brute depuis 2013. Pour les fonctionnaires territoriaux et hospitaliers, cette part représente 30,65 % depuis 2017. Elle a augmenté de 1 point, à partir de 2024, avec la mise en application de la réforme des retraites de 2023.

Certains fonctionnaires peuvent cotiser davantage. Par exemple, les policiers de catégorie active cotisent 2,2 % de plus :

— 1 % supplémentaire pour tenir compte de la bonification de durée d'assurance dite « du 5e » dont ils bénéficient. Elle correspond à 1 annuité (4 trimestres) accordée tous les 5 ans (dans la limite de 20 trimestres – ou 5 annuités) au titre de la difficulté, la pénibilité et la dangerosité de leur métier ;

— et 1,2 % pour la prise en compte de l'« indemnité de sujétions spécifiques de police » (prime pouvant représenter jusqu'à 26 % du traitement).

Les fonctionnaires titulaires bénéficient également depuis 2003 d'une retraite complémentaire : la Retraite additionnelle de la fonction publique (RAFP). Ils cotisent à hauteur de 5 % de leur rémunération (+ 5 % pour la part employeur).

Combien percevrez-vous pour votre retraite ?

Pour ceux qui partent avec une retraite à taux plein du régime de base, la pension sera égale à :

Retraite à taux plein
= 75 % × dernier traitement indiciaire brut

Le montant de votre pension de retraite est calculé sur la base de votre dernier traitement indiciaire brut perçu depuis au moins six mois à la date de votre cessation de fonctions.

Si vous avez bénéficié d'un changement d'échelon moins de six mois avant votre départ en retraite, c'est votre traitement indiciaire précédent qui est pris en compte.

Si vous travaillez à temps partiel, le montant de votre pension de retraite est calculé sur la base de votre traitement indiciaire à temps plein.

Dès lors que vous n'avez pas 67 ans au moment de votre départ, ni la durée d'assurance nécessaire au taux plein, et que vous n'avez pas pu bénéficier d'un départ anticipé (handicap, pénibilité, catégorie dite active ou super-active, etc.), vous allez subir une décote. Il y a deux cas de figure :

— si vous n'avez pas validé suffisamment de trimestres dans un régime de la fonction publique pour atteindre votre durée d'assurance requise, votre pension sera proratisée ;

— si vous n'avez pas validé suffisamment de trimestres tous régimes de retraite confondus pour atteindre votre durée d'assurance requise, votre pension sera affectée d'une décote de 1,25 point par trimestre manquant.

Exemple : Christophe, né en 1968, aura 64 ans en 2032 et 170 trimestres (2 trimestres manquants) dont 140 dans la fonction publique. Son dernier traitement de fonctionnaire est de 3 000 euros. Sa pension de fonctionnaire sera de :

3 000 euros × 72,50 % × 140/172
= 1 770 euros par mois

Les fonctionnaires reçoivent également une pension de retraite complémentaire, dite « additionnelle », de la RAFP. Cette pension dépend du nombre de points collectés par le cotisant. En effet, chaque euro cotisé donne droit à des points de retraite. La valeur du point de retraite est déterminée chaque année par les gestionnaires du régime. Ainsi pour 2023, la valeur du point avait été fixée à 1,3466 euro.

La pension perçue dépend du nombre de points accumulés, et de leur valeur. La valeur du point RAFP était de 0,05036 euro en 2023.

Si l'agent a accumulé plus de 5 125 points, le versement de sa pension de retraite additionnelle peut se faire sous forme de rente. Elle est calculée de la manière suivante :

Retraite additionnelle = valeur du point × nombre de points × coefficient de majoration

En cas de départ après l'âge légal de départ à la retraite, la retraite additionnelle est majorée. De 1,04 à 63 ans, 1,08 à 64 ans, etc., jusqu'à 1,81 en cas de départ après 75 ans.

Si le retraité a accumulé moins de 5 125 points de retraite RAFP, le versement de sa retraite additionnelle se fera sous forme de versement unique en capital. La formule de calcul intègre donc un coefficient de conversion en capital qui dépend de l'âge de départ.

Coefficient de conversion en capital RAFP

Âge de départ	60	61	62	63	64	65
Coefficient de conversion en capital	25,98	25,3	24,62	23,92	23,22	22,51
Âge de départ	68	69	70	71	72	73
Coefficient de conversion en capital	20,36	19,63	18,9	18,16	17,43	16,7

(Source : previssima.fr)

Exemple : Christophe, 64 ans,
a accumulé 2 015 points de retraite.
Il touchera alors une pension unique de :
2 015 × 0,05036 × 1,08 × 23,22 = 2 545 euros

Et si vous mourez ?

Dans la fonction publique, la pension de réversion s'élève à 50 % de la retraite de base et de la retraite complémentaire que vous percevez. Les conditions de réversion ne sont pas exactement les mêmes que pour un salarié :

— comme pour le salarié, il faut avoir été marié avec l'assuré. Dans l'hypothèse où le défunt a été marié plusieurs fois, la pension de réversion serait partagée par tous les ex-conjoints y compris le veuf, sous réserve qu'ils remplissent les conditions d'attribution, au prorata de la durée de chaque mariage par rapport à la durée globale de mariage du défunt ;

— il n'y a en revanche aucune condition d'âge ou de ressource pour recevoir la pension de réversion ;

— le mariage doit avoir duré au moins quatre ans, ou deux ans avant le départ en retraite du défunt, ou l'ex-conjoint doit avoir eu des enfants avec le défunt (cette dernière condition annule les deux premières) ;

— le conjoint survivant perdra ce droit de toucher la pension de réversion s'il s'est remarié, pacsé ou s'il vit en concubinage.

Vous êtes chef d'exploitation ou d'entreprise agricole

Qui êtes-vous ?

Vous êtes un chef d'entreprise. Mais pas n'importe quelle entreprise. Comme 500 000 personnes en France, vous dirigez et mettez en valeur une exploitation agricole. C'est souvent une entreprise familiale, même si certains chefs d'exploitation se sont découvert une véritable vocation sans avoir grandi dans un milieu rural. Une exploitation agricole désigne une entreprise vouée à la production agricole et caractérisée par une gestion unique et indépendante, des moyens de production propres, et une certaine taille exprimée en superficie, en production ou en nombre d'animaux. Cela comprend toutes les entités suivantes :

— les exploitations de culture et d'élevage de quelque nature qu'elles soient ;

— les exploitations de dressage, d'entraînement, haras ;

— les établissements de toute nature dirigés par l'exploitant agricole en vue de la transformation, du conditionnement et de la commercialisation des produits agricoles lorsque ces activités constituent le prolongement de l'acte de production ;

— les entreprises de travaux agricoles, notamment les travaux de création, restauration et entretien des parcs et jardins ;

— les travaux forestiers et entreprises de travaux forestiers ;

— les établissements de conchyliculture, de pisciculture et assimilés ainsi que les activités de pêche maritime à pied professionnelle, sauf pour les personnes qui relèvent du régime social des marins.

Sont concernés par le régime des chefs d'exploitation agricole :

— les exploitants agricoles (chef d'exploitation ou d'entreprise agricole) à titre exclusif ou principal et consacrant au minimum 1 200 heures à leur exploitation ;

— les collaborateurs d'exploitation (conjoints mariés ou partenaires de Pacs ou concubins des chefs d'exploitation) travaillant dans l'exploitation sans être coexploitants ni salariés de celle-ci, ni rémunérés et en ayant obtenu le statut auprès de la caisse de retraite ;

— les aides familiaux agricoles : ascendants, descendants, frères et sœurs de l'agriculteur ou de son conjoint, âgés d'au moins 16 ans, qui vivent, travaillent dans l'exploitation sans être salariés ni rémunérés et ne sont pas affiliés à un régime de retraite. S'ils travaillent à titre exclusif ou principal dans l'exploitation, ils peuvent demander le statut d'aide familial auprès de la caisse. Mais si ce statut a été obtenu après le 18 mai 2005, il peut être conservé au maximum pendant cinq ans.

À quoi cotisez-vous ?

Comme pour les salariés agricoles, les chefs d'exploitation cotisent à **la Mutualité sociale agricole (MSA).** Les agriculteurs s'acquittent de trois cotisations pour leur retraite : l'assurance vieillesse individuelle (AVI), qui ouvre droit à une retraite forfaitaire, l'assurance vieillesse agricole (AVA), qui fonctionne en points et ouvre droit à une pension proportionnelle aux cotisations versées, et la cotisation de retraite complémentaire obligatoire (RCO).

L'AVI et l'AVA donnent chacune lieu à une cotisation spécifique, prélevée sur une assiette de revenus d'un montant maximal égal au Pass. En 2023, les taux des cotisations vieillesse pour la part des revenus inférieurs au Pass sont de 3,32 % pour l'AVI et 11,55 % pour l'AVA. Pour la partie de la rémunération qui dépasserait le Pass, seule l'AVA est payée, au taux de 2,24 %.

Les cotisations de retraite complémentaire s'élèvent à 4 % sur l'ensemble de la rémunération.

Combien percevrez-vous pour votre retraite ?

Le calcul de la pension de la retraite de base des agriculteurs se fonde sur l'intégralité de leur carrière, et non pas sur les 25 meilleures années, comme dans le régime général.

Cette pension de base est la somme des deux éléments suivants :

— une pension forfaitaire (311,56 euros par mois en 2023), proratisée en fonction des années de cotisation. Son calcul est le suivant : Montant fixe × nombre d'années cotisées au régime/nombre d'années de cotisation exigées en fonction de la date naissance ;

— une pension proportionnelle au nombre de points obtenus au titre de l'AVA. Selon ses revenus, un exploitant acquiert entre 23 et 113 points par an (collaborateurs et aides familiaux en recevant 16). Au départ à la retraite, le nombre de points acquis est multiplié par la valeur du point (soit 4,068 euros en 2023), le résultat étant multiplié par 37,5 et divisé par le nombre d'années exigées en fonction de l'année de naissance. Soit la formule : retraite proportionnelle (RP) = nombre de points × valeur point × 37,5/nombre années exigées ;

— comme pour la retraite forfaitaire, si l'assuré prend sa retraite en totalisant, dans les différents régimes auxquels il a été affilié, moins que la durée d'assurance requise, sa retraite proportionnelle est en plus affectée d'une décote de 1,25 % par trimestre manquant.

Exemple : Hervé est né en 1957 et a accumulé 150 trimestres et 2 500 points au régime des chefs d'exploitation, et 164 trimestres au total (2 trimestres manquants). Il touchera alors :

— La retraite forfaitaire :

311,56 × 150/166 = 281,50 euros

— La retraite proportionnelle :

2 500 × 4,068 × 37,5/41,75 = 913,50 euros

— Le tout subissant une décote de 2,5 %, soit 1 165 euros par mois.

Les chefs d'exploitation reçoivent également une pension de retraite complémentaire du RCO. Cette pension dépend du nombre de points collectés par le cotisant. En effet, chaque euro cotisé donne droit à des points de retraite. En 2023, la valeur de service du point RCO est de 0,3614 euro.

La réforme des retraites 2014 a élargi l'accès à la majoration des retraites pour les exploitants agricoles. Elle instaure un complément différentiel de retraite complémentaire obligatoire (RCO), aussi appelé pension minimale de référence. Ce complément permet de porter la pension de retraite minimale des exploitants à 85 % du Smic.

Et si vous mourez ?

Les conditions de réversion de la MSA sont les mêmes que pour le régime de base des salariés du privé.

Votre conjoint survivant (le veuf ou la veuve), et parfois même votre ex-conjoint divorcé (et même si vous voudriez qu'il ne touche pas un sou...), aura le droit à une pension de réversion de 54 % de votre retraite de base, sous trois conditions :

— avoir été marié avec l'assuré. Dans l'hypothèse où vous auriez été marié plusieurs fois, la pension de réversion serait partagée entre tous vos ex-conjoints y compris le(la) veuf(ve), sous réserve qu'ils remplissent les conditions d'attribution, au prorata de la durée de chaque mariage par rapport à votre durée globale de mariage. Toutefois, en cas de décès d'un des bénéficiaires potentiels, sa part est redistribuée aux autres conjoints survivants ;

— avoir au moins 55 ans ;

— avoir un revenu annuel inférieur à un certain seuil fixé chaque année, en tenant compte des revenus du patrimoine, des revenus du couple si la personne est en couple, ou encore si la personne est propriétaire de sa résidence principale (revenu « fictif » de 3 % de la valeur du bien pris en compte).

Les conditions de réversion de la retraite complémentaire AVA-AVI sont également les mêmes que celles du régime de base des salariés du privé, et diffèrent donc de leur régime complémentaire Agirc-Arcco.

Vous êtes artisan ou commerçant

Qui êtes-vous ?

Vous êtes un travailleur indépendant, à votre compte, fabricant ou négociant (ou les deux !). Vous êtes (le plus souvent) passionné par votre métier, ou par le contact avec les clients. Pas tout fait artiste, mais un peu quand même, vous êtes surtout fier des produits et du service que vous apportez à vos clients, même si vous ne comptez pas vos heures pour y parvenir.

Comme près de 4 millions de Français, vous êtes artisan ou commerçant et notamment :

— artisan dans l'alimentaire (boulangerie, poissonnerie, boucherie…) ;

— artisan du bâtiment (menuiserie, serrurerie, maçonnerie…) ;

— artisan-fabricant (textiles, instruments, réparation…) ;

— artisan dans les services (ambulances, blanchisserie, coiffure…) ;

— artisan dans les métiers industriels (maquettiste, directeur technique…) ;

— commerçant : achat et vente de biens meubles (bijouterie, maroquinerie, papeterie, etc.) ;

— commerçant de biens immeubles (agent immobilier) ;

— commerçant en location de biens meubles (location de voiture, de matériel industriel…) ;

— commerçant de change (agent de change, courtage, numismate).

À quoi cotisez-vous ?

C'est la **Sécurité sociale des indépendants (SSI, ex-RSI)** qui gère votre retraite (de base et complémentaire). La cotisation à la retraite de base s'élève à 17,75 % pour les revenus inférieurs au Pass (43 992 euros en 2023) et 0,6 %

au-delà. La cotisation retraite minimale s'élève à 845 euros en 2023.

En ce qui concerne la retraite complémentaire, la cotisation s'élève à 8 % jusqu'à un certain niveau défini par la caisse (38 916 euros en 2023) et 7 % au-delà jusqu'à quatre fois le Pass (175 968 euros en 2023).

Combien percevrez-vous pour la retraite ?

Là encore, la pension a été alignée sur celle du régime général. La pension sera égale à :

> Retraite à taux plein = 50 % × revenu professionnel moyen (RPM)

RPM, c'est la moyenne de vos revenus annuels, en prenant les 25 meilleures années de votre carrière (quel que soit le nombre d'années). Avec deux subtilités :

— les revenus pris en compte ne sont retenus que dans la limite du Pass de l'année concernée ;

— ce montant est ensuite revalorisé en fonction de l'évolution des prix, suivant la grille des coefficients de revalorisation actualisée chaque année au 1er janvier.

Dès lors que vous n'avez pas 67 ans au moment de votre départ, ni la durée d'assurance nécessaire au taux plein, vous allez subir une décote. C'est même une double décote :

— votre taux de liquidation, qui s'applique à votre RPM, sera réduit en fonction du nombre de trimestres manquants (généralement 1,25 point par trimestre manquant) ;

— le résultat sera proratisé selon la durée effective d'assurance.

Retraite avec décote :

Formule de calcul de pension des artisans et commerçants

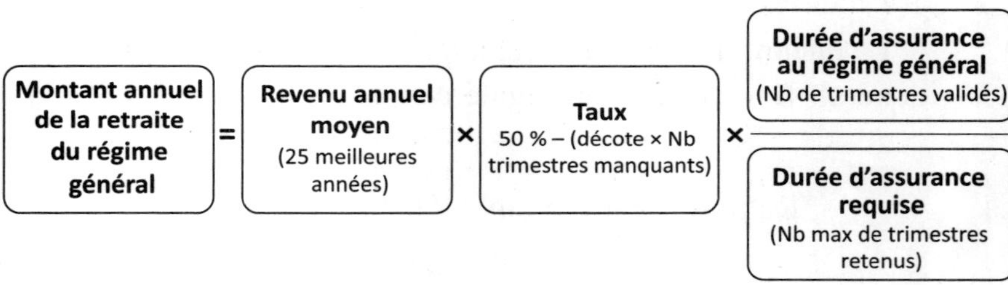

(Source : retraite.com)

Exemple : Élisabeth, née en 1968, aura 64 ans en 2032 et 170 trimestres (2 trimestres manquants). Son RPM est de 42 000 euros. Sa pension sera de :

42 000 euros × 47,50 % × 170/172
= 19 718 euros (1 643 euros par mois)

Les artisans et commerçants reçoivent également une pension de retraite complémentaire du SSI. Cette pension dépend du nombre de points collectés par le cotisant. En effet, chaque euro cotisé donne droit à des points de retraite. En 2023, la valeur de service du point SSI est de 1,28 euro.

Si la pension de base est liquidée avec une décote, la pension complémentaire est également réduite, de 1 % par trimestre manquant pour les 12 premiers, et de 1,25 % à partir du 13e.

Et si vous mourez ?

Les conditions de réversion de la retraite de base des indépendants sont les mêmes que pour le régime de base des salariés du privé.

Votre conjoint survivant (le veuf ou la veuve), et parfois même votre ex-conjoint divorcé (et même si vous voudriez qu'il ne touche pas un sou...), aura le droit à une pension de réversion de 54 % de votre retraite de base, sous trois conditions :

— avoir été marié avec l'assuré. Dans l'hypothèse où vous auriez été marié plusieurs fois, la pension de réversion serait partagée entre tous vos ex-conjoints y compris le(la) veuf(ve), sous réserve qu'ils remplissent les conditions d'attribution, au prorata de la durée de chaque mariage par rapport à votre durée globale de mariage. Toutefois, en cas de décès d'un des bénéficiaires potentiels, sa part est redistribuée aux autres conjoints survivants ;

— avoir au moins 55 ans ;

— avoir un revenu annuel inférieur à un certain seuil fixé chaque année, en tenant compte des revenus du patrimoine, des revenus du couple si la personne est en couple, ou encore si la personne est propriétaire de sa résidence principale (revenu « fictif » de 3 % de la valeur du bien pris en compte).

La réversion de la retraite complémentaire s'élève quant à elle à 60 % de la pension. Les conditions de réversion sont sensiblement les mêmes que dans le régime de base (ce qui est donc différent du salarié du privé). La différence majeure se situe au niveau des ressources du conjoint survivant. Elles ne doivent pas excéder 87 984 euros en 2023.

Vous exercez une profession libérale

Qui êtes-vous ?

Vous êtes libre (Max…) ou presque. Votre activité est soumise à votre seule responsabilité et vous exercez dans l'intérêt d'un client ou d'un public (clientèle ou patientèle). Un indépendant donc, qui n'exerce une activité ni commerciale, ni artisanale, ni industrielle, ni agricole, mais une activité qui vous passionne, bien entendu.

Il existe deux types de professions libérales :

— profession libérale réglementée : lorsque les professionnels doivent respecter des régimes précis, comme demander une autorisation spéciale ou obtenir une carte professionnelle (profession médicale, architecte, expert-comptable, expert agricole) ;

— profession libérale non réglementée : ce sont des professions qui n'exercent une activité ni commerciale, ni artisanale, ni industrielle, ni agricole, et qui ne sont pas dans la liste des activités réglementées (maître d'œuvre, moniteur de ski, guide et conférencier, expert juridique, profession médicale non réglementée…).

À quoi cotisez-vous ?

C'est la **Caisse nationale d'assurance vieillesse des professions libérales (CNAVPL)** qui gère votre retraite de base. La cotisation à la retraite de base s'élève à 10,10 % pour les revenus inférieurs au Pass (43 992 euros en 2023) et 1,87 % au-delà, jusqu'à 5 fois le Pass. La cotisation retraite minimale s'élève à 845 euros en 2023.

La CNAVPL est divisée en dix sections correspondant à des professions différentes. Chacune de ces sections gère un régime de retraite complémentaire. Les cotisations à la retraite complémentaire sont les suivantes :

— **CRN (notaires) :** 4,10 % de la moyenne des gains des 3 années antérieures à l'année précédente (N-4 à N-2) + une cotisation forfaitaire selon la classe ;

— **Cavom (officiers ministériels) :** 12,5 % sur la part du revenu jusqu'à 8 fois le Pass ;

— **CARMF (médecins) :** 10 % du revenu de l'avant-dernière année, dans la limite de 3,5 fois le Pass. À cela s'ajoute, si le cotisant est conventionné, une cotisation dite « supplémentaire » qui est prise en charge aux 2/3 par l'assurance-maladie. Il s'agit d'une cotisation de 1 874 euros + 1,2667 % pour les médecins de secteur 1, et 5 622 euros + 3,80 % pour le secteur 2 ;

— **CARCDSF (dentistes et sages-femmes) :** une cotisation forfaitaire (2 959,80 euros en 2023) + 10,8 % des revenus compris entre 0,85 fois et 5 fois le Pass. À cela s'ajoute, si le cotisant est conventionné, une cotisation dite « supplémentaire » qui est prise en charge aux 2/3 par l'assurance-maladie. Il s'agit d'une cotisation forfaitaire plus, pour les dentistes, une part proportionnelle de 0,725 % des revenus dans la limite de 5 Pass ;

— **CAVP (pharmaciens) :** 2 cotisations forfaitaires. Une cotisation pour le régime par répartition (6 530 euros en 2023) et une cotisation pour le régime par capitalisation, variable selon la classe (entre 2 612 euros à 15 672 euros en 2023). À cela s'ajoute, si le cotisant est conventionné, une cotisation dite « supplémentaire » qui est prise en charge aux 2/3 par l'assurance-maladie. Il s'agit d'une cotisation forfaitaire plus une part proportionnelle de 0,15 % des revenus dans la limite de 5 Pass ;

— **Carpimko (infirmiers, masseurs-kinésithérapeutes, pédicures-podologues, orthophonistes et orthoptistes) :** une cotisation forfaitaire (1 944 euros en 2023) + 3 % du revenu de l'avant-dernière année sur une assiette de revenus définie par la caisse (25 246 euros et 203 446 euros en 2023). À cela s'ajoute, si le cotisant est conventionné, une cotisation dite « supplémentaire » qui est prise en charge aux 2/3 par l'assurance-maladie. Il s'agit d'une cotisation forfaitaire plus une part proportionnelle de 0,4 % des revenus dans la limite de 5 Pass ;

— **CARPV (vétérinaires) :** cotisation annuelle déterminée en fonction des revenus de l'année précédente. En 2023 : 8 624 euros jusqu'à 71 639 euros de revenus, 10 780 euros entre 71 640 euros et 95 520 euros, et 12 936 euros au-delà de 95 521 euros ;

— **Cavamac (agents d'assurances) :** 5,16 % des commissions et rémunérations brutes de l'année précédente, dans la limite d'un certain plafond (550 521 euros en 2023) + 2,5 % à la charge des compagnies mandantes ;

— **Cavec (experts-comptables) :** cotisation annuelle déterminée en fonction des revenus de l'année précédente. En 2023 : entre 711 euros (revenus inférieurs à 16 190 euros) et 22 223 euros (revenus supérieurs à 132 780 euros) ;

— **Cipav (architectes et autres professions libérales non réglementées) :** 9 % sur la part de revenus comprise entre 0 et 1 Pass (43 992 euros en 2023) et 22 % sur la part de revenus comprise entre 1 et 3 Pass.

Combien percevrez-vous pour la retraite ?

La pension de retraite de base des professions libérales fonctionne par points. Elle dépend donc du nombre de points collectés par le cotisant. En effet, chaque euro cotisé donne droit à des points de retraite.

> Retraite à taux plein = nombre de points accumulés × valeur de service du point

En 2023, la valeur de service du point CNAVPL est de 0,6076 euro.

Dès lors que vous n'avez pas 67 ans au moment de votre départ, ni la durée d'assurance nécessaire au taux plein, vous allez subir une décote. Cette décote est de 1,25 % par trimestre manquant. Le nombre de trimestres manquants se calcule en comparant :

— le nombre de trimestres nécessaires pour compléter la durée d'assurance (172 trimestres pour les personnes nées à partir de 1965) ;
— le nombre de trimestre qui vous sépare de 67 ans.

Exemple : Valérie, née en 1959, a accumulé 155 trimestres et 18 200 points au régime de retraite CNAVPL. Si elle partait à la retraite aujourd'hui, il lui manquerait 12 trimestres pour avoir la durée d'assurance nécessaire au taux plein. Mais il lui manquerait « seulement » 2 ans (8 trimestres) pour avoir l'âge du taux plein. Sa décote serait donc de 10 % (8 × 1,25 %). Sa pension serait égale à : 90 % × 16 200 × 0,6076 euros = 9 952 euros/an soit 829 euros/mois.

La retraite complémentaire se calcule en multipliant le nombre de points accumulés par la valeur du point. Les valeurs de points ainsi que les minorations/majorations sont propres à chacune des sections professionnelles :
— **CRN :** il existe deux types de points. Les points « section B » qui proviennent de la cotisation forfaitaire et les points « section C », de la cotisation proportionnelle. En 2023, le point B vaut 16,88 euros et le point C, 0,8630 euros. Une décote de 1,25 % par trimestre manquant est appliquée si le notaire n'a pas obtenu sa retraite de base à taux plein. À noter que le notaire qui travaille jusqu'à 70 ans bénéficie d'une majoration de 0,5 % par trimestre au-delà de l'âge du taux plein ;

— **CAVOM :** la valeur du point est de 3,1163 euros en 2023. Si l'officier n'a pas 67 ans au moment de son départ à la retraite, une minoration de 5 % par année d'anticipation s'applique ;

— **CARMF :** la valeur du point est de 70,05 euros en 2023 pour le régime « complémentaire » et 11,48 euros pour le régime « supplémentaire » (ASV). Une majoration de 1,25 % par trimestre supplémentaire est accordée sur la retraite ASV pour ceux qui décalent leur départ. Cette majoration est réduite à 0,75 % entre 65 et 70 ans ;

— **CARCDSF :** la valeur du point est de 29,34 euros en 2023 pour le régime « complémentaire », 26,80 euros pour le régime « supplémentaire ». En cas de départ avant 67 ans, une décote est appliquée, de 1,25 % par trimestre manquant pour avoir 67 ans ;

— **CAVP :** la valeur du point est de 0,3504 euros en 2023 pour le régime « supplémentaire ». Le régime complémentaire ne fonctionne pas en points. Le montant de la pension s'obtient en multipliant le nombre d'annuités cotisées par la valeur de l'annuité (308,4 euros en 2023). Ce capital constitutif est transformé en rente viagère. Le montant de la rente dépend alors de différents paramètres comme votre âge lors de votre départ à la retraite, des tables de mortalité en vigueur, etc. En cas de départ avant 67 ans, une décote est appliquée, de 1,25 % par trimestre manquant. Cette décote est réduite à 0,5 % en cas de départ à 65 ans ou plus ;

— **CARPIMKO :** la valeur du point est de 20,64 euros en 2023 pour le régime « complémentaire » et 2,42 euros pour le régime « supplémentaire » (ASV). En cas de départ avant 67 ans, une décote est appliquée, de 1,25 %

par trimestre manquant dans la limite du nombre de trimestres séparant l'assuré de l'âge du taux plein ;

— **CARPV :** la valeur du point est de 37,79 euros en 2023. Si le vétérinaire n'a pas 67 ans au moment de son départ à la retraite, une minoration de 1,25 % par trimestre manquant s'applique ;

— **CAVAMAC :** la valeur du point est de 0,3829 euros en 2023. Si l'agent n'a pas 67 ans au moment de son départ à la retraite, une minoration de 1,25 % par trimestre manquant s'applique ;

— **CAVEC :** la valeur du point est de 1,2672 euros en 2023. Si l'expert-comptable n'a pas 67 ans au moment de son départ à la retraite, une minoration de 5 % par année d'anticipation s'applique ;

— **CIPAV :** la valeur du point est de 2,77 euros en 2023. Si le retraité n'a pas 67 ans au moment de son départ à la retraite, une minoration de 5 % par année d'anticipation s'applique.

Et si vous mourez ?

Les conditions de réversion de la retraite de base des professions libérales sont les mêmes que pour le régime de base des salariés du privé.

Votre conjoint survivant (le veuf ou la veuve), et parfois même votre ex-conjoint divorcé (et même si vous voudriez qu'il ne touche pas un sou…), aura le droit à une pension de réversion de 54 % de votre retraite de base, sous trois conditions :

— avoir été marié avec l'assuré. Dans l'hypothèse où vous auriez été marié plusieurs fois, la pension de réversion serait partagée entre tous vos ex-conjoints y compris le(la) veuf(ve), sous réserve qu'ils remplissent les conditions d'attribution, au prorata de la durée de chaque mariage par rapport à votre durée globale de mariage. Toutefois, en cas de décès d'un des bénéficiaires potentiels, sa part est redistribuée aux autres conjoints survivants ;

— avoir au moins 55 ans ;

— avoir un revenu annuel inférieur à un certain seuil fixé chaque année, en tenant compte des revenus du patrimoine, des revenus du couple si la personne est en couple, ou encore si la personne est propriétaire de sa résidence principale (revenu « fictif » de 3 % de la valeur du bien pris en compte).

La réversion de la retraite complémentaire s'élève quant à elle à 60 % de la pension. Les conditions de réversion sont sensiblement les mêmes que dans le régime de base (donc différentes de celles du salarié du privé). En revanche, dans la majorité des régimes complémentaires des professions libérales, une durée minimale de deux ans de mariage est souvent exigée. Notons toutefois que cette condition de durée de l'union est généralement supprimée si le conjoint survivant a eu des enfants avec l'assuré décédé.

Vous êtes artiste auteur

Qui êtes-vous ?

Vous êtes un « créateur d'œuvres originales », qu'elles soient graphiques, plastiques, musicales, audiovisuelles, littéraires (y compris les traducteurs), photographiques, etc.

Ne sont pas considérés comme « artistes auteurs » :

— les artistes interprètes ou artistes du spectacle, c'est-à-dire toutes les personnes qui exécutent ou interprètent, de quelque manière que ce soit, une œuvre littéraire ou artistique, un numéro de chant, de danse ou même de variété ;

— les intermittents du spectacle.

Ils sont considérés comme des salariés à part entière et dépendent du régime général des salariés du privé (voir section « salarié du privé »).

Il existe six types d'artistes auteurs :

— auteurs graphiques, plastiques ou photographiques ;
— illustrateurs, écrivains ou traducteurs littéraires ;
— auteurs et compositeurs d'œuvres musicales ;
— dialoguistes de doublage ;
— auteurs et compositeurs dramatiques et du spectacle vivant (théâtre, opéra...) ;
— auteurs d'œuvres audiovisuelles (films).

À quoi cotisez-vous ?

Depuis le 1er janvier 2019, les artistes auteurs sont rattachés au régime général par l'intermédiaire de l'Urssaf Limousin. C'est cet organisme qui collecte leurs cotisations et contributions et celles de leurs diffuseurs.

La cotisation de retraite de base, prélevée sur les BNC (bénéfices non commerciaux) ou les TS (traitements et salaires) déclarés, est semblable à la cotisation salariale payée par les salariés (hors cotisation patronale), soit 6,90 % sur la part du revenu d'auteur située sous le Pass et 0,40 % sur l'ensemble du revenu.

La retraite complémentaire des artistes auteurs est gérée par l'Institut de retraite complémentaire de l'enseignement et de la création (Ircec), qui comprend trois régimes différents fonctionnant par points.

Tous les artistes auteurs cotisent au régime des artistes auteurs professionnels (Raap), dès lors qu'ils ont perçu plus de 900 Smic horaires l'année précédente (9 954 euros en 2022, pour les cotisations 2023).

Pour les auteurs graphiques, plastiques ou photographiques, illustrateurs, écrivains ou traducteurs littéraires, la cotisation s'élève à 8 %. Elle est calculée sur l'ensemble de vos revenus d'artiste auteur, jusqu'à trois fois le Pass de l'année en cours (131 976 euros en 2023). Elle se paie en deux fois, directement au Raap : la caisse vous envoie chaque année deux appels de cotisations, au printemps et en automne. En début d'année, vous recevrez en outre au 1er trimestre un formulaire de pré-appel, qui vous permettra de modifier éventuellement vos options de cotisation. Vous n'avez aucune démarche à faire, les caisses dont vous relevez transmettent au Raap toutes les informations nécessaires.

Si vous êtes un écrivain, traducteur littéraire, illustrateur ou photographe, dont les œuvres sont publiées dans des livres, la moitié de votre cotisation retraite est prise en charge et directement réglée par la Société française des intérêts des auteurs de l'écrit (Sofia), dans la limite de 87 984 euros en 2023.

Les auteurs et compositeurs dramatiques et du spectacle vivant (théâtre, opéra...) ainsi que les auteurs de films cotisent à la fois au Raap, à un taux réduit de 4 %, et au régime des auteurs et compositeurs dramatiques (RACD). La cotisation RACD s'élève à 8 % jusqu'à un plafond fixé à 528 750 euros en 2023. Elle est calculée sur l'ensemble des droits d'auteur bruts. Elle est prélevée à la source par la Société des auteurs et compositeurs dramatiques (SACD) ou par le producteur en cas de contrat direct avec celui-ci. Dans ce dernier cas, le producteur prend 2 % à sa charge et verse directement votre cotisation de 8 % à l'Urssaf depuis vos revenus (précompte). Si vous êtes auteur issu du spectacle vivant, vos revenus de droits d'auteur doivent être déclarés à l'Ircec et vous devez régler une cotisation au RACD. Il n'y a pas de prélèvement à la source.

Les auteurs et compositeurs d'œuvres musicales et dialoguistes de doublage cotisent à la fois à la Raap, à un taux réduit de 4 %, mais également au régime des auteurs compositeurs lyriques (Racl). La cotisation Racl s'élève à 6,5 % des revenus compris entre 2 903 euros et 399 215 euros (revenus de 2022, pour les cotisations de 2023). Elle n'est plus due dès lors que vous avez atteint 55 000 points. Une cotisation de solidarité, qui ne donne droit à aucun point, est également due pour les revenus dépassant 399 215 euros (revenus de 2022 pour les cotisations de 2023) : elle s'élève à 1,5 % de la part du revenu supérieure à ce montant. Les retraités qui perçoivent au moins 2 903 euros de pension par mois s'en acquittent aussi. Vos cotisations sont prélevées à la source par la Société des auteurs, compositeurs et éditeurs de musique (Sacem) qui vous verse vos droits d'auteur.

Combien percevrez-vous à la retraite ?

La retraite de base des artistes auteurs est la même que celle des salariés du régime général. Pour ceux qui partent avec une retraite à taux plein du régime de base, la pension sera égale à :

Retraite à taux plein = 50 % × SAM

Le SAM, c'est la moyenne de vos salaires annuels, en prenant les 25 meilleures années de votre carrière (quel que soit le nombre d'années). En revanche, il ne s'agit pas du salaire tel qu'il apparaît sur vos fiches de paie des années passées. Il y a en effet deux subtilités :

— les salaires pris en compte ne sont retenus que dans la limite du Pass de l'année concernée ;

— ce montant, votre salaire ou le Pass si votre salaire le dépassait, est ensuite revalorisé en fonction de l'évolution des prix, suivant la grille des coefficients de revalorisation actualisée chaque année au 1er janvier.

Dès lors que vous n'avez pas 67 ans au moment de votre départ, ni la durée d'assurance nécessaire au taux plein, vous allez subir une décote. C'est même une double décote :

— votre taux de liquidation, qui s'applique à votre SAM, sera réduit en fonction du nombre de trimestres manquants (généralement 1,25 point par trimestre manquant) ;

— le résultat sera proratisé selon la durée effective d'assurance.

Retraite avec décote :

Formule de calcul de pension des artistes auteurs

Montant annuel de la retraite du régime général	=	**Salaire annuel moyen** (25 meilleures années)	×	**Taux** 50 % – (décote × Nb trimestres manquants)	×	**Durée d'assurance au régime général** (Nb de trimestres validés) / **Durée d'assurance requise** (Nb max de trimestres retenus)

(Source : retraite.com)

Exemple : Élisabeth, née en 1968, aura 64 ans en 2032 et 170 trimestres (2 trimestres manquants). Son SAM est de 42 000 euros. Sa pension sera de :

42 000 euros × 47,50 % × 170/172
= 19 718 euros (1 643 euros par mois).

La retraite complémentaire se calcule en multipliant le nombre de points accumulés par la valeur du point. Les valeurs de points sont propres à chacune des sections professionnelles.

La valeur du point retraite du Raap est de 9,05 euros en 2023.

La valeur du point retraite du RACD est de 0,398 euros en 2023.

La valeur du point retraite du Racl est de 0,576 euros en 2023.

Et si vous mourez ?

Les conditions de réversion de la retraite de base des artistes auteurs sont les mêmes que pour le régime de base des salariés du privé.

Votre conjoint survivant (le veuf ou la veuve), et parfois même votre ex-conjoint divorcé (et même si vous voudriez qu'il ne touche pas un sou...), aura le droit à une pension de réversion de 54 % de votre retraite de base, dans trois conditions :

— avoir été marié avec l'assuré. Dans l'hypothèse où vous auriez été marié plusieurs fois, la pension de réversion serait partagée entre tous vos ex-conjoints y compris le(la) veuf(ve), sous réserve qu'ils remplissent les conditions d'attribution, au prorata de la durée de chaque mariage par rapport à votre durée globale de mariage. Toutefois, en cas de décès d'un des bénéficiaires potentiels, sa part est redistribuée aux autres conjoints survivants ;

— avoir au moins 55 ans ;

— avoir un revenu annuel inférieur à un certain seuil fixé chaque année, en tenant compte des revenus du patrimoine, des revenus du couple si la personne est en couple, ou encore si la personne est propriétaire de sa résidence principale (revenu « fictif » de 3 % de la valeur du bien pris en compte).

La réversion de la retraite complémentaire s'élève quant à elle à 60 % de la pension. Les conditions d'octroi diffèrent selon les régimes.

Pour le Raap, il faut :

— être âgé d'au moins 60 ans ;

— justifier de 18 mois de mariage avec le conjoint décédé sauf si un enfant est issu du couple ;

— que le défunt ait atteint le minimum de 50 points avant son décès. En cas contraire, un versement forfaitaire unique (VFU) est effectué en faveur du conjoint survivant dès lors qu'il atteint l'âge de 60 ans.

Pour le RACD, il faut :

— être âgé d'au moins 60 ans ;

— que le défunt ait atteint le minimum de 900 points. En cas contraire, un remboursement des cotisations est effectué sur demande formulée auprès des services de la Caisse.

Pour le Racl, il faut :

— être âgé d'au moins 60 ans ;

— justifier de 18 mois de mariage avec le conjoint décédé sauf si un enfant est issu du couple ;

— que le défunt ait atteint le minimum de 850 points. Il est possible de demander le bénéfice d'un versement forfaitaire unique (VFU) représentant 15 fois le montant annuel de la pension de réversion.

Vous êtes un cas « spécial »

Qui êtes-vous ?

Les fameux régimes spéciaux, ces « privilégiés » qui sont montrés du doigt à chaque annonce de réforme des retraites, c'est vous ! Privilégié, vous n'avez pas vraiment l'impression de l'être. Parce que vous n'avez pris la part de personne. Vous n'avez pas été « tiré » au sort. Vous avez simplement choisi cette voie, comme n'importe qui aurait pu le faire, avec la conscience, ou non, qu'elle offrait certains avantages. Mais si ces avantages sont si intéressants, pourquoi tout le monde ne vous a pas suivi dans cette voie ? Vous vous rappelez au contraire que peu de personnes en voulaient, de ce métier, refroidies par les faibles salaires, la charge importante de travail, les horaires, ou encore les années d'études. Vous, vous n'avez pas eu peur... Alors, les avantages, vous voulez les garder !

Mis à part les fonctionnaires (d'État, territoriaux et hospitaliers), les travailleurs bénéficiant d'un régime spécial sont :

- les ouvriers des établissements industriels de l'État ;
- les agents de la SNCF, de la RATP, du Port autonome de Strasbourg, EDF et GDF, la Banque de France ;
- les salariés de la Comédie-Française ;
- le personnel de l'Opéra national de Paris ;
- les avocats ;
- les sénateurs ;
- les marins ;
- les mineurs ;
- les clercs et employés de notaire ;
- les ministres des cultes et les membres de congrégations ou des collectivités religieuses.

À quoi cotisez-vous ?

Chaque régime spécial a sa caisse de retraite.

— CNIEG (EDF-GDF) : cotisation retraite de 12,78 % par salarié et 29,70 % pour la part employeur.

— CRPCF (Comédie-Française) : 8,05 % part salarié et 9 % part employeur.

— CRPCEN (clercs et employés de notaires) : 23,23 % part salarié et 28,95 % part employeur.

— Enim (marins) : les cotisations s'élèvent à 10,85 % pour le marin (part salarié) et à un pourcentage qui peut aller de 0 % à 19,30 % pour les armateurs ou les employeurs, suivant la taille du navire, le type d'activité et les modalités d'exploitation.

— CPR SNCF : 10,14 % part salarié et 37,80 % part employeur.

— CPR RATP : 12,95 % part salarié et 19,13 % part employeur.

— Régime du port autonome de Strasbourg : 7,85 % part salarié et 33 % part employeur.

— Caisse de réserve des employés de la Banque de France : 11,10 %. En guise de cotisation patronale, la Banque de France couvre le manque à gagner du régime.

— FSPOEIE (ouvriers d'État) : 10,29 % part salarié et 34,63 % part employeur.

— CNBF (avocat) : 3,10 % du revenu professionnel + cotisation forfaitaire + droits de plaidoirie.

— Caisse autonome de retraite des anciens sénateurs : les sénateurs s'acquittent d'une cotisation retraite d'environ 1 124 euros par mois (15 %) pour leur retraite de base, et 1 157,82 euros pour leur retraite complémentaire (en 2023).

— Cavimac (membres des cultes) : cotisation de 10,61 % pour la collectivité et cotisation personnelle de 7,41 %.

Certaines de ces professions cotisent également à une retraite complémentaire, qui leur permet d'accumuler des points.

Est-ce que vous pourrez partir à la retraite avant 64 ans ?

Si, historiquement, les régimes spéciaux partaient souvent à la retraite plus tôt, voire beaucoup plus tôt, c'est moins vrai aujourd'hui après les différentes réformes. La plupart des régimes spéciaux subissent le relèvement de l'âge de départ à la retraite de 62 à 64 ans, même si dans certains cas le calendrier de mise en place est légèrement rallongé.

Toutefois, il est possible de demander un départ anticipé dans certaines conditions (exemple : handicap), comme pour les salariés, et les possibilités de demande de départ anticipé pour pénibilité sont plus nombreuses, par exemple les employés qui ont effectué une part importante dans leur carrière en service actif ou insalubre et qui peuvent partir à 57, voire 55 ans.

Les danseurs de l'Opéra de Paris peuvent tirer leur révérence à 40 ans (ouverture des droits à la retraite) ou à 42 ans (pour une retraite à taux plein sans décote), en raison de la « pénibilité » du métier, des risques de blessure et du niveau d'excellence requis pour danser les grands ballets. Pour les artistes du chœur, l'ouverture des droits est fixée à 57 ans et la retraite à taux plein sans décote à 60 ans.

À la Comédie-Française, deux systèmes coexistent : celui des artistes sociétaires et celui des autres (technique, administration, sécurité, etc.). Pour la première catégorie, un comédien issu de cette caste bénéficie d'une pension à vie après dix ans d'ancienneté correspondant à 1/4 de son revenu d'activité. Les personnels techniques peuvent ouvrir leurs droits à partir de 57 ans.

Les conducteurs de train et de métro peuvent partir à la retraite à 54 ans.

Un marin peut liquider sa pension avant 55 ans, sous réserve d'avoir accompli 25 annuités de services, sauf en cas d'inaptitude ou d'invalidité.

L'âge d'ouverture des droits à la retraite dans le régime des mines est de 55 ans. Les salariés qui ont validé au moins 120 trimestres à ce régime et qui ont travaillé « au fond » – c'est-à-dire dans les mines – peuvent partir avant :

— dès 54 ans à partir de 4 ans au fond ;
— dès 53 ans à partir de 8 ans au fond ;
— dès 52 ans à partir de 12 ans au fond ;
— dès 51 ans à partir de 16 ans au fond ;
— dès 50 ans à partir de 20 ans au fond.

Combien percevrez-vous à la retraite ?

La pension des ouvriers de l'État, EDF-GDF, Banque de France, Opéra de Paris, Comédie-Française, à taux plein est égale à 75 % du salaire des six derniers mois avec une décote de 1,25 % par trimestre manquant (hors bonification pour enfants ou handicap).

Pour les clercs et employés de notaire, elle est de 75 % du salaire moyen des dix dernières années.

Les avocats reçoivent à la retraite un montant forfaitaire, diminué ou augmenté suivant le nombre d'années de cotisations. En 2023, ce montant est de 18 299 euros pour l'année, pour une carrière complète d'avocat.

Pour les marins : nombre d'annuités × 2 % × salaire forfaitaire de la catégorie, avec majoration de la pension pour 2 enfants élevés (5 %), 3 enfants (10 %) et 4 enfants ou plus (15 %).

Pour les mineurs : nombre de trimestres validés dans le régime × valeur du trimestre à la date d'effet de la retraite × un coefficient de majoration variable suivant l'année de liquidation.

Pour les artistes de la Comédie-Française et de l'Opéra de Paris, il faut faire la moyenne des 3 meilleures années × (durée validée Comédie-Française/durée requise pour le taux plein) × 75 % × coefficient de décote ou de surcote.

Pour les autres personnels : rémunération des 6 derniers mois d'activité × (durée validée Comédie-Française/durée requise pour le taux plein) × 75 % × coefficient de décote ou de surcote.

Pour les membres des cultes : 50 % du salaire moyen revalorisé des 25 meilleures années (génération 1948 et suivantes), salaires retenus dans la limite du Pass.

Et si vous mourez ?

Si vous mourez votre conjoint survivant (le veuf ou la veuve), et parfois même votre ex-conjoint divorcé, aura le droit à une pension de réversion dans certaines conditions. Ces conditions et le montant de la pension dépendent de chaque régime.

Dans la plupart des régimes, les conditions sont les mêmes que pour les fonctionnaires, et la pension est la même, 50 % des pensions de base (54 % pour les marins et 60 % pour les sénateurs) et complémentaire (dans certains cas, comme à la SNCF, la réversion complémentaire est de 60 %).

Le régime des cultes se rapproche plus de la retraite de base. La réversion est de 54 % et les conditions pour la toucher sont les mêmes que pour un salarié du privé.

Allez ! On part à la retraite !
Les démarches essentielles

Il est recommandé de déposer votre demande de retraite auprès de votre ou vos caisses au moins quatre mois avant la date de départ que vous avez choisie. Plusieurs possibilités :

— sur le site mesdemarchesretraite.fr, vous pouvez obtenir la liste détaillée des démarches à effectuer pour préparer votre départ à la retraite ;

— le plus simple est de vous connecter à votre compte retraite sur : www.info-retraite.fr, et de sélectionner le service « Demander ma retraite ». Renseignez votre

date de départ et complétez le formulaire de demande préremplie avec vos informations personnelles. Déposez les justificatifs nécessaires au traitement de votre dossier et validez votre demande. Votre demande sera alors transmise à l'ensemble de vos caisses de retraite qui vont contacteront si besoin pour plus d'information, et vous pourrez suivre votre demande en temps réel ;
— les personnes qui préfèrent le contact « humain » peuvent toutefois demander à leur caisse un rendez-vous physique ou téléphonique pour préparer leur départ à la retraite ;
— n'oubliez pas également d'informer votre employeur de la date de votre départ.

À noter
Si vous gérez une exploitation, vous devez informer votre chambre d'agriculture de votre intention de cesser votre activité au moins trois ans avant votre départ en retraite, sauf cas de force majeure. Il s'agit d'une formalité réglementaire (article L. 330-5 du Code rural) qui, bien qu'obligatoire, ne vous engage pas sur les conditions de votre cessation et notamment sur votre date d'arrêt d'activité qui n'est qu'une date prévisionnelle. Le formulaire « Déclaration d'intention de cessation d'activité agricole » (Dicaa) est à compléter et à adresser à votre chambre d'agriculture. Cette déclaration permet à la chambre d'agriculture du département d'identifier les exploitations à reprendre et leurs caractéristiques principales.

4

C'est votre retraite

Planifiez votre retraite

Nous allons, ensemble, sauver votre retraite.

Sauver votre retraite, c'est simple. Très simple. Cela demande juste un peu de votre temps, un peu de discipline et un peu de réflexion.

On va tout de suite distinguer deux situations qui nécessitent des réflexions totalement différentes : vous êtes déjà retraité ou vous êtes dans la vie active.

Il faudra également distinguer, pour les personnes actives, les différentes « classes d'âge ». En toute logique, la méthode à suivre pour un jeune couple d'actifs de 35 ans n'est pas la même que pour une personne active âgée de 50 ans ou 55 ans.

Intéressons-nous, pour commencer, au sauvetage de la retraite pour les actifs de tout âge.

S'organiser, anticiper, planifier…

Ce qui est frappant quand on s'attaque au sujet de la retraite, c'est de constater à quel point une large partie de votre situation à la retraite est prévisible.

Vous pouvez dès aujourd'hui connaître approximativement la retraite que vous allez toucher. Il n'y aura pas de miracle. Au contraire. Vous avez toutes les chances de percevoir moins que ce que prévoient les sites d'évaluation de votre retraite future.

Notre premier conseil ? Déterminez d'abord approximativement, grâce aux calculateurs de retraite, votre pension. Et appliquez une décote au montant que vous allez trouver. De 5 % si vous avez 55 ans à 25 % si vous avez 30 ans, car l'État ne pourra faire face à ses obligations.

C'est un bon exercice. Et c'est un choc salutaire.

Vous saurez dès aujourd'hui que vous allez toucher peu d'argent, beaucoup moins que ce que vous espériez et nettement moins que ce dont vous aurez besoin. C'est comme cela. N'attendez rien de la providence étatique, l'État-providence est en quasi-faillite. À force de vouloir aider tout le monde, on n'aide plus ceux qui en ont réellement besoin.

Quand vous aurez fait ce calcul, et que vous aurez appliqué notre décote, vous aurez besoin de quelques jours pour vous remettre. Prenez le temps qu'il faut.

S'apercevoir qu'avec un revenu mensuel de 10 000 euros, un ménage devra vivre avec 3 000 euros (à deux toujours), c'est un choc. On vous comprend.

Et qu'avec un revenu de 3 000 euros, on va devoir vivre avec 1 200 euros, c'est un choc encore plus violent.

Après la phase de « deuil », il faudra vite passer à la phase de reconstruction.

Et, pour la retraite, la reconstruction, l'organisation, le sauvetage, la réussite passent obligatoirement par la planification.

Rien de bien compliqué mais un petit effort tout de même.

Comme le disait le magazine *Fortune* consacré à « *Retire rich* » (« Partez à la retraite riche ») : « *Take control of your future* » (« Prenez le contrôle de votre avenir »).

Planifier, c'est prendre le contrôle de sa retraite.

Cela consiste à :

1. faire une estimation de votre budget de dépenses à la retraite ;
2. estimer le montant de votre future retraite ;
3. déterminer les moyens de transformer le « déficit structurel » en « surplus structurel ».

Estimez vos besoins à la retraite

La question à laquelle vous devez répondre est simple : de combien, AU MINIMUM, aurez-vous besoin après votre départ à la retraite ? Au minimum. Le scénario du pire.

Les bonnes nouvelles : certains postes vont ou peuvent disparaître de votre budget minimal.

— Les enfants : à la guerre comme à la guerre ; il est largement temps qu'ils se débrouillent. Si vous êtes en version budget de combat, plus rien pour eux. Plus de frais de vie, de scolarité (sauf si vous avez eu des enfants après 60 ans...) et même, tant pis, de cadeaux spectaculaires. Hop ! Un gros poste en moins.

— Le budget logement : c'est LE cœur du sujet. Si vous possédez votre résidence principale, ou une résidence secondaire qui peut devenir une résidence principale ou dont le produit de la vente peut permettre d'acheter une résidence principale, c'est une énorme partie de votre budget qui saute. Il vous restera les charges, les taxes et les frais d'entretien. Si ce n'est pas le cas, il vous faut budgéter un loyer. Et, dans ce cas, trouver un endroit où il fait bon vivre et où les loyers sont raisonnables (les retraités français qui sont exilés ont plébiscité le Portugal par exemple...).

Et maintenant, levez-vous et, que vous soyez croyant ou pas, remerciez le Ciel : vous êtes en France. Dans les centaines de livres de conseil de préparation à la retraite pour les Américains, les principaux chapitres sont consacrés à la nécessité d'épargner pour faire face aux dépenses de santé proportionnellement à votre âge. Aux États-Unis, dans le budget « minimal » à prévoir, le poste « dépenses de santé » est effrayant. En France, dans votre budget minimal, le poste santé « basique » est de zéro ou presque. Vous pouvez avoir des dépenses de « confort » mais, quel que soit votre problème de santé, vous serez couvert. Totalement si vous jouez le jeu de l'hôpital public par la Sécurité sociale. Vous vous en tirez bien. Mais la santé de confort ou de « luxe » vous coûtera cher, très cher. Et on n'évoque, pas encore, le coût d'une résidence pour seniors, ou, pire, d'une résidence médicalisée... On en parlera plus tard.

Les postes qui vont augmenter sont liés à vos envies plus qu'à vos besoins. Bien-être, vacances, voyages, etc. Ceux-ci n'ont pas leur place dans un budget de « combat » mais peuvent l'avoir dans un budget que vous considérez comme minimal avec un raisonnement en période de grande déprime du type : « Si je ne peux pas voyager une fois par an, si je ne peux pas aller une fois par mois au restaurant, à quoi ça sert de continuer… ? »

Prévoyez donc deux budgets.

Un budget de « survie ». Le budget minimal version « guerre ». Et un budget minimal version « survie agréable », sans exagérer quand même…

Cet exercice est passionnant à faire quel que soit votre âge. Au-delà de votre préparation à la retraite, il vous éclairera parfois sur vos besoins réels même quand vous êtes encore actif. Vous allez être surpris de voir que, dans la plupart des cas, un budget minimal « plaisir » est largement inférieur à votre budget actuel. Tant mieux. Car nous allons devoir épargner et donc couper dans vos dépenses actuelles. Gardez en tête que nous dépensons beaucoup plus que ce que nous pensons dépenser.

Vous devez estimer vos dépenses quand vous serez à la retraite.

C'est donc le principe de base. Non, ce n'est pas simple, surtout quand on a 40 ou 45 ans, mais c'est **obligatoire**. C'est une estimation. Vous pourrez la corriger au fil du temps.

Dépendant et indépendance

L'indépendance

Une révolution, le terme n'est pas trop fort, s'est produite dans le domaine de la retraite depuis une vingtaine d'années. Les Français ont soudainement compris qu'ils vivraient plus longtemps que prévu. Beaucoup plus longtemps.

Du fait de l'allongement spectaculaire de la durée de vie.

Il va falloir « tenir », et tenir plus d'années que nous l'envisagions.

Les Français ont soudainement troqué leur préoccupation de transmission pour une angoisse de la dépendance. C'est un changement majeur. Un basculement inimaginable il y a encore vingt ans. Au siècle dernier, les Français considéraient la transmission comme un devoir, une obligation. La richesse de la France, le patrimoine des ménages, ne vient-elle pas d'ailleurs essentiellement de l'héritage, année après année, siècle après siècle ?

La dépendance

Le mot est lâché. Terrible.

Le joyeux soixante-huitard qui rêvait de mourir à 27 ans comme Janis Joplin ou Jimi Hendrix, ou au plus tard, mais vraiment au plus tard, à 39 ans comme le Che ou à 40 ans comme John Lennon, comprend maintenant qu'il a une forte chance de terminer en couche-culotte dans un mouroir où ses enfants, qui se débattent entre chômage, crises et problèmes financiers, l'auront déposé discrètement, un dimanche soir après un week-end où ils en auront eu assez de le nourrir et de le laver (belle vision de la vie non ? On essaie juste de vous effrayer pour que vous consacriez un peu de temps à sauver votre retraite...).

On parle beaucoup de la retraite, mais on ne parle pas assez de dépendance. Les livres, les articles ou la publicité sur la retraite montrent toujours des grands-parents souriant avec des dents refaites et courant dans les champs en tenant leurs petits-enfants par la main. La réalité est tout autre, et une fois de plus, on est dans le déni.

Les gouvernements successifs se sont à peine attaqués au gouffre de la retraite que se profile déjà le cataclysme de la dépendance. Une « loi grand âge et autonomie » faisait ainsi partie des promesses de campagne annoncées par le président de la République, Emmanuel Macron. Elle devait même être la « grande réforme sociale du quinquennat ». Prévue en 2019, elle a été plusieurs fois reportée du fait du Covid puis du fait... de la réforme des retraites.

L'assurance dépendance

La dépendance se définit par l'état d'une personne âgée qui n'est plus autonome, soit physiquement, soit mentalement, et qui a besoin d'aide dans les actes de vie quotidienne. Elle touche 1,5 million de personnes en France et progresse de façon exponentielle : 25 % des seniors seront un jour ou l'autre confrontés au problème de la dépendance, 40 % d'entre eux du fait de la maladie d'Alzheimer...

Le revenu moyen mensuel d'un retraité est de 1 400 euros, le coût mensuel de la dépendance est compris entre 1 500 et 3 000 euros, mais peut atteindre dans certains cas plus de 5 000 euros. L'assurance dépendance permet de se couvrir : pour assumer les frais liés à l'assistance de la personne en état de dépendance, une rente mensuelle ou un capital est versé. En contrepartie, vous paierez, dès la signature, une cotisation à l'assureur tous les mois.

Pour souscrire une assurance dépendance, il faut remplir certaines conditions :

— être âgé de moins de 75 ans (parfois 70 ans, selon les contrats) ;

— remplir un questionnaire médical. En cas de maladie grave ou même d'affection moins importante, l'assureur peut refuser l'adhésion, réduire les garanties proposées ou appliquer une surprime.

Avant de vous lancer, il est important de comparer différentes offres. Rendez-vous sur le comparateur de Meilleurtaux Assurances (https://apps.meilleurtaux.com/assurance-dependance), le leader des comparateurs. Cela vous permettra de découvrir différentes offres et de les juger en fonction :

— des cotisations à payer et des conditions de revalorisation de ces cotisations ;

— des critères qui seront retenus par l'assureur pour déterminer l'état de dépendance ;

— de l'étendue de la couverture ;

— des prestations servies et garanties incluses ;

— des clauses d'exclusion ;

— du délai de carence et du délai de franchise ;

— des services complémentaires proposés.

Les contrats d'assurance dépendance sont critiqués sur plusieurs points : lisibilité limitée des clauses contractuelles, complexité de l'évaluation de l'état de dépendance, couverture uniquement en cas de dépendance totale, revalorisations des cotisations et des rentes

compliquées, déclenchement de l'indemnisation trop long, souscription à fonds perdu si la dépendance n'a pas lieu... autant d'éléments que les souscripteurs reprochent à ce type de contrats.
L'assurance dépendance est-elle financièrement intéressante ? Pas vraiment... Les prestations servies en cas de dépendance s'avèrent globalement décevantes (désaccord sur la situation de dépendance, rentes qui ne se revalorisent pas, etc.) et se retrouvent en fin de compte inférieures au montant des cotisations payées pendant de longues années (qui, elles, ont été « revalorisées » plusieurs fois). Mais comme toute assurance, elles permettent de « se payer » une certaine tranquillité, notamment si l'on craint de devenir dépendant trop rapidement, et donc en ayant conscience que si la situation de dépendance arrive tard, ou jamais, les cotisations payées ne seront pas compensées.

L'épargne indépendance

Le principal inconvénient d'une assurance dépendance est que les versements de l'assuré y sont faits à fonds perdu. Si l'assuré ne devient jamais dépendant, ce qui est une bonne nouvelle, les sommes payées l'auront été en vain, ce qui est une mauvaise nouvelle.
Pour se protéger contre la dépendance, comme pour se protéger contre les besoins à la retraite, la solution reste une fois de plus de se construire soi-même un capital « dépendance » en complément du capital retraite. Plutôt que verser une cotisation mensuelle dans une assurance dépendance, vous pouvez, et vous devez même, dès 45 ou 50 ans, placer ce montant dans une épargne indépendance, en plus de votre épargne retraite.

La bonne nouvelle, c'est que les placements adaptés pour préparer votre retraite sont tout aussi utiles pour vous protéger contre la dépendance : dans les deux cas, il s'agit de se construire une épargne complémentaire visant à combler la baisse des revenus et la hausse des coûts à la retraite. Et la dépendance est une hausse de coût.

Estimez votre pension de retraite

Voilà pour les dépenses.

Mais *quid* des revenus, à la retraite ? C'est un sujet plus complexe que celui des dépenses.

En effet, en fonction de votre épargne ou de votre patrimoine, votre situation sera évidemment très différente.

Si on s'en tient uniquement à votre « pension de retraite », c'est-à-dire au revenu qui va vous être versé à la retraite, on est dans une situation simple : elle sera, dans 80 % des cas, inférieure à votre budget de dépenses à la retraite. On écrit 80 % mais on pense 99 %.

La bonne nouvelle (encore une), c'est qu'il est devenu très facile, depuis les dernières réformes, d'avoir des indications précises sur votre retraite future grâce aux informations sur votre carrière passée que vous êtes en droit de recevoir.

Depuis la mise en application de la loi du 21 août 2003, les trente-cinq organismes de retraite et les caisses de retraite complémentaires se sont regroupés dans un

Groupement d'intérêt public pour l'information sur la retraite, le Gip Info retraite. Il a une obligation d'information, renforcée depuis la réforme du 9 novembre 2010.

1. Dès lors qu'un assuré a validé ses deux premiers trimestres : envoi d'un document l'informant de l'ouverture de son compte de retraite auprès d'un organisme et des grands principes qui régissent le système de retraite français.
2. À partir de 35 ans, et tous les cinq ans ensuite : envoi d'un RIS, un relevé individuel de situation, dans lequel vous trouverez le nombre de trimestres de cotisation ainsi que le montant des revenus ou rémunérations qui entrent dans le calcul de votre pension.
   Le RIS est un document essentiel et très complet. Toute votre vie professionnelle est sur ce papier – souvent l'occasion d'une réflexion de fond sur sa vie (d'où viens-je, où vais-je…) : vos différents emplois, vos rémunérations (limitées au Pass en cours lors de l'année en question), vos trimestres, avec une distinction entre votre retraite de base du régime général de Sécurité sociale et votre ou vos retraites complémentaires.
   Prenez du temps pour étudier ce document en détail. C'est le seul moyen d'avoir la certitude que l'ensemble de vos revenus a été intégré et que le relevé de votre carrière est complet. S'il y a des oublis ou des erreurs, vous pourrez les corriger.
3. À partir de 45 ans, vous avez droit à un « entretien information retraite » avec un « coach retraite » qui

vous permettra d'avoir une idée précise de votre situation et vous prodiguera quelques conseils.

4. À partir de 55 ans, puis tous les cinq ans jusqu'au départ à la retraite, une estimation indicative globale (EIG) est envoyée à chaque assuré. Ce courrier est constitué du RIS de l'assuré, précédé d'un tableau récapitulant les estimations du montant de la future pension en fonction de différents âges de départ à la retraite. L'estimation est calculée en tenant compte :
   — de la stabilité des revenus de l'assuré jusqu'au moment du départ à la retraite ;
   — de tous les droits potentiels de l'assuré, y compris ceux liés au servicwe national ou aux enfants s'ils ont été portés à la connaissance des régimes. Les informations relatives aux enfants constituent actuellement le principal manque pour le calcul précis de l'estimation car les assurés ne déclarent que rarement à leur caisse de retraite l'existence d'enfants alors même que cette information est déterminante ;
   — de la réglementation en vigueur ;
   — des hypothèses d'évolution économique (évolution des salaires, du Smic, des prix, du Pass…) retenues par la loi de financement de la Sécurité sociale (pour le court terme) et le Conseil d'orientation des retraites (pour le long terme).

Vous devez impérativement consacrer le temps nécessaire au contrôle de votre situation et à l'estimation de votre pension. Un check-up annuel de retraite… Faites-le chaque année à partir de 45 ans. Cela vous épargnera des surprises et des pertes de temps dramatiques lors de votre départ à la retraite.

Cette phase est essentielle. Elle vous permet de maintenir un niveau d'information sur votre carrière et vos droits à la retraite et d'avoir les éléments pour faire les prévisions nécessaires.

Où trouver de l'information ?

Commencez par vous rendre sur le site www.info-retraite.fr du Groupement d'intérêt public Info retraite, et créez votre « compte retraite ». Ou téléchargez l'application mobile « Mon compte retraite ». Cela vous permettra d'avoir une information à jour sur votre situation. Le site est complet, simple et exceptionnellement pratique. Vous y trouverez toutes les informations administratives utiles, votre régime de retraite, les démarches à effectuer pour préparer votre départ en retraite, www.la-retraite-en-clair.fr ou www.mon-calcul-de-retraite.fr par exemple. Ces sites fournissent des simulations, références pour déterminer votre âge de départ à taux plein ou le montant de votre pension, et également beaucoup d'informations et de contenus sur la retraite.

www.simul-retraite.fr : un simulateur en ligne complet pour déterminer votre âge de départ à taux plein ou le montant de votre pension.

Et bien sûr, posez toutes vos questions retraite sur le site qui vous est consacré : www.sauvezvotreretraite.com. Nous y répondrons personnellement.

Transformez le déficit structurel en surplus structurel

Nous espérons qu'à ce stade, il est clair pour vous que vous allez avoir à faire face à un déficit structurel, entre votre pension de retraite et votre budget de dépenses à la retraite.

Face à cette situation, une situation inexorable qui, en plus, va se détériorer avec le temps, vous avez plusieurs solutions. Et vous pouvez les combiner.

Première solution : réduisez vos dépenses à la retraite

Radicale.

Il va falloir, si vous n'avez pas épargné, que vous réduisiez de façon drastique votre budget de dépenses lors de votre retraite.

Pour limiter la casse.

Pour réduire au minimum le « déficit structurel », le solde négatif de votre pension de retraite diminué de vos dépenses à la retraite.

Il va falloir sabrer dans vos dépenses, et passer, comme nous l'avons évoqué, à un budget de « guerre ». Désagréable mais souvent nécessaire.

Deuxième solution : décalez votre départ

La retraite après 64 ans, vous ne voulez même pas y penser. Vous avez d'ailleurs pensé pendant longtemps que vous partiriez dès 60 ans, merci patron et au revoir !

Vous avez grincé des dents lorsque la réforme Hollande a décalé votre départ à 62 ans, et vous avez carrément manifesté contre le report à 64 ans. Franchement, qui veut encore travailler après 64 ans ?

Oui mais…

Vous ne vous voyiez peut-être pas aussi en forme à 64 ans. Et puisque vous êtes encore en forme, pourquoi ne pas rester encore « actif » un an ou deux, surtout si cela met du beurre dans les épinards ?

Chaque trimestre où vous décalez votre départ vous permettra d'améliorer la pension que vous recevrez, de plusieurs manières :

— si vous avez 64 ans et pas encore tous les trimestres nécessaires pour recevoir une retraite à taux plein, votre pension est proratisée par rapport à votre durée d'assurance (trimestres validées/durée d'assurance nécessaire au taux plein). Chaque trimestre validé jusqu'au taux plein vous permet donc d'améliorer ce ratio, d'environ 0,6 % par trimestre ;

— votre pension subit également, et surtout, une décote, généralement de 1,25 % par trimestre manquant. Vous pouvez donc la limiter en décalant votre départ de quelques trimestres. Une année de plus, c'est 5 % de majoration sur votre pension !

— pour ceux qui ont validé le nombre nécessaire de trimestres pour le taux plein, décaler quand même leur départ permet de bénéficier d'une surcote, généralement de 1,25 % par trimestre supplémentaire ;

— en ce qui concerne les régimes complémentaires et spéciaux, les coefficients de majoration et minoration peuvent différer. Surtout, il s'agit de régimes à points. Tant que vous cotisez, vous accumulez des points et votre pension de retraite s'en trouvera donc améliorée.

Posez-vous la question : Est-ce que cela vaut le coup de travailler une année de plus pour bénéficier d'une amélioration de 5 % (voire plus) de votre future pension ?

Troisième solution : continuez à travailler à la retraite

Oui. Évidemment ! Vous POUVEZ prendre votre retraite, mais vous pouvez aussi continuer à travailler.

Le célèbre financier Warren Buffett a 94 ans et il dirige toujours sa société de gestion de fonds. Bon, lui, il n'est pas un sujet de déficit structurel puisqu'il « pèse » plus de 100 milliards de dollars…

Au-delà du besoin de revenus, les spécialistes du bien-être des seniors sont de plus en plus nombreux à nous pousser à continuer de travailler après la retraite, pour rester en alerte, et rester connectés.

Et, cerise sur le gâteau ou gâteau avec la cerise, cumuler emploi et retraite permet d'améliorer sensiblement sa situation financière.

Le dispositif de cumul emploi-retraite permet en effet à un retraité de percevoir, en plus de sa pension de retraite, un revenu professionnel.

Le cumul emploi-retraite est possible quel que soit le régime de retraite, à condition d'avoir liquidé l'ensemble des retraites (de base et complémentaires) françaises, étrangères et des organisations internationales.

S'il est permis de cumuler en totalité – on parle dans ce cas de cumul « intégral » – une pension avec les revenus d'une nouvelle activité dépendant d'un autre régime de retraite (ex. : une pension de salarié avec un revenu de travailleur indépendant), le faire en reprenant un emploi de même type, donc appartenant au même régime (une pension de salarié avec un emploi salarié), n'est possible qu'à condition d'avoir obtenu la retraite de base à taux plein. Si le retraité ne remplit pas ces conditions, il peut néanmoins profiter d'un cumul emploi-retraite « plafonné » à un certain niveau de rémunération, qui dépend du statut. D'autres conditions d'accès varient suivant le statut :

— pour les salariés qui n'ont pas la retraite à taux plein, le cumul emploi-retraite est possible à condition que la somme des revenus (retraites personnelles obligatoires + salaire de reprise d'activité) ne dépasse pas 160 % du Smic, ou la moyenne des salaires perçus au cours des trois derniers mois d'activité avant le départ en retraite. La solution la plus favorable est retenue. À défaut, le montant de la pension de retraite de base est réduit du montant du dépassement. Si vous reprenez une activité salariée chez votre dernier employeur, le cumul emploi-retraite ne sera possible que six mois après votre cessation d'activité chez lui et votre admission en retraite ;

— les fonctionnaires peuvent cumuler leur pension de retraite de base avec les revenus tirés de la reprise d'une activité dans la fonction publique, en tant que contractuels (non titularisés). Pour cela, il faut avoir obtenu toutes ses retraites de base et complémentaires à taux plein, ou percevoir une pension de retraite pour invalidité, ou alors exercer les activités suivantes : artiste du spectacle ou mannequin, auteur d'œuvres artistiques (littéraires, musicales, audiovisuelles, photographiques...) soumises à cotisations de Sécurité sociale, auteur d'œuvres de l'esprit (écrits littéraires, artistiques, scientifiques, conférences, compositions musicales, œuvres cinématographiques, peinture, sculpture...), participation aux activités juridictionnelles ou assimilées, ou à des instances consultatives ou délibératives réunies prévues par la loi ;

— si vous ne remplissez pas l'une des deux conditions permettant le cumul emploi-retraite total, vous pouvez toutefois cumuler intégralement votre pension de retraite de base et des revenus d'activité si ces revenus ne dépassent pas le tiers du montant annuel brut de votre pension augmenté de 7 549,92 euros (montant en 2023) ;

— contrairement aux autres professions, les exploitants agricoles peuvent uniquement bénéficier d'un cumul emploi-retraite total ou intégral. Ils n'ont pas accès au cumul emploi-retraite partiel. Les exploitants agricoles partis à la retraite à taux plein peuvent reprendre sans condition une activité en tant que salariés agricoles, y compris sur leur ancienne exploitation. Ils peuvent également poursuivre ou reprendre une activité non salariée en tant que chefs d'exploitation ou d'entreprise agricole mais il doit s'agir d'une production hors sol ou connexe (ETA) ou d'une activité limitée à la parcelle de subsistance. Pour ceux qui ne remplissent pas ces conditions, certaines dérogations sont toujours possibles. Il est par exemple possible de conserver une parcelle d'1/5 au maximum de l'exploitation ou d'exercer une activité d'hébergement rural ;

— pour les professions libérales, les retraités ne justifiant pas d'une retraite à taux plein peuvent cumuler leur retraite avec une nouvelle activité libérale si le revenu net issu de cette nouvelle activité est inférieur au Pass. Pour les artisans et les commerçants, cette limite est divisée par deux, sauf si l'entreprise qui les emploie est implantée en zone de revitalisation rurale ou en zone urbaine sensible. Il faut également que le nouvel emploi ne soit pas dans le même champ d'activité.

Vous devez prévenir vos caisses de retraite avant de reprendre une activité professionnelle.

Depuis la réforme des retraites de 2023, les revenus du cumul emploi-retraite « intégral » ouvrent droit à de nouveaux droits à la retraite. Le retraité qui continue à travailler pourra donc bénéficier d'une pension additionnelle, qui ne peut toutefois dépasser 5 % du plafond annuel de la Sécurité sociale.

600 000 retraités travaillent tout en touchant leur pension. Ce chiffre a presque triplé en vingt ans et la tendance pourrait s'accélérer.

L'emploi des seniors

Pas de doute, il va falloir travailler plus longtemps. Par nécessité. Ou par plaisir. Mais il y a un écueil : l'emploi des seniors.

En France, le taux d'emploi des plus de 55 ans est un des plus faibles au monde.
L'emploi des jeunes est certes un problème majeur, d'une extrême urgence. Mais l'emploi des seniors va devenir rapidement un enjeu pour la retraite.
En France, le taux d'emploi n'est que de 56 % pour les 55-59 ans, 35 % pour les 60-64 ans et de 8,6 % pour les 65-69 ans.
La bonne nouvelle, c'est que ces taux progressent. Ils n'étaient, respectivement, que de 46 % et 5 % il y a dix ans.
La mauvaise nouvelle, c'est que nous sommes à des années-lumière des principaux pays développés.
Le taux d'emploi des seniors en France est inférieur de 4,5 points à celui de la moyenne de l'Union européenne. En Allemagne, le taux d'emploi des seniors est supérieur de 50 % au nôtre.
Aux États-Unis et au Japon, le taux d'emploi des 65-69 ans est d'environ un tiers contre 8,6 % seulement en France !
Travailler plus longtemps, oui. Encore faut-il qu'il y ait du travail…
L'emploi des seniors doit être une priorité. Pour la retraite.
Mais également pour l'économie et la société car les seniors représentent une source fantastique d'énergie, de compétences et d'expérience pour les entreprises.

Quatrième solution : rachetez vos trimestres

Un retraité qui part avant l'âge du taux plein, sans justifier la durée d'assurance nécessaire, subira une décote sur sa pension. Pour limiter, voire annuler cette décote, il est possible de racheter des trimestres.

Le rachat de trimestres pour la retraite est possible au titre des années d'études supérieures, ou des années incomplètes, excepté pour les fonctionnaires pour lesquels seul le rachat d'années d'études est possible.

Il est possible de racheter 12 trimestres au maximum. Le coût de rachat des trimestres dépend du salaire ou du revenu annuel du demandeur, de son âge et de l'option choisie. Deux types de rachat sont possibles :

— soit au titre du taux de calcul de la pension de retraite (qui permet de réduire ou d'annuler la décote) ;

— soit au titre du taux et de la durée d'assurance retenue pour le calcul de la retraite. Ces trimestres coûtent plus cher à racheter.

Exemple : Élisabeth, née en 1968, aura 64 ans en 2032 et 170 trimestres (2 trimestres manquants). Son SAM est de 42 000 euros. Sa pension sera de :
42 000 euros × 47,50 % × 170/172
= 19 718 euros (1 643 euros par mois).

— Si elle rachète 2 trimestres au titre de l'option 1, sa pension sera de :
42 000 euros × 50 % × 170/172 = 20 755 euros (1 730 euros par mois).

— Si elle rachète 2 trimestres au titre de l'option 2, sa pension sera de : *42 000 euros × 50 % × 172/172 = 21 000 euros (1 750 euros par mois).*

La valeur du rachat de trimestre est établie selon un barème du versement pour la retraite (circulaire Cnav publiée chaque année et intitulée : « Versement pour la retraite et rachats de cotisations alignés »). Il est établi en euros ou en pourcentage selon la tranche de revenu de l'assuré. Le barème diffère selon le régime de l'assuré (salarié, artisan, commerçant, profession libérale...). Il va de 1 000 euros environ par trimestre (pour une personne de 20 ans qui prend l'option 1) à plus de 6 000 euros le trimestre.

L'intérêt d'un rachat de trimestre ne réside pas uniquement dans le gain de pension que vous obtenez. Le calcul est d'ailleurs établi en fonction de ce gain supplémentaire et de votre espérance de vie. En clair, vous « achetez » ce gain, à son prix. Mais l'intérêt vient surtout du fait que les sommes investies sont déductibles de votre revenu imposable, et permettent donc de bénéficier en plus d'une réduction d'impôt.

Le rachat de trimestres est surtout adapté aux personnes qui souhaitent partir à la retraite à court terme et n'ont pas tous leurs trimestres. Certes, le trimestre est beaucoup plus cher, mais une simulation rapide leur permettra de juger très clairement le rapport gain/coût de cette opération. Pour les personnes plus jeunes, racheter des trimestres, même si cela coûte moins cher, est une opération très incertaine. Une incertitude quant au futur retraité (peut-être voudrez-vous encore travailler à 64 ans ?), mais aussi et surtout une incertitude politique. En cas de changement des règles sur les durées d'assurance, le gain d'un rachat de trimestre peut alors être réduit fortement.

Cinquième solution : épargnez, épargnez, épargnez

Il y a une autre solution pour ne pas avoir à se serrer la ceinture à la retraite, et pouvoir respirer un peu et aspirer à une retraite de bien-être et de plaisirs : l'épargne.

Car l'épargne a deux vertus :

— elle génère un revenu, un rendement, qui transforme le déficit structurel en surplus structurel ;

— elle peut se transformer en revenus si on décide qu'à la fin de la vie, il restera que ce qu'il restera pour ses héritiers et qu'on a le droit de « manger » son capital pour (bien) vivre. Attention cependant à ne pas vous tromper dans vos calculs : si vous dilapidez votre capital en trente ans et que vous vivez vingt ans de plus que prévu, ce qu'on vous souhaite, vous n'aurez plus que votre pension (et vos yeux pour pleurer).

Questions à Emmanuel Grimaud, président fondateur de Maximis Retraite

Va-t-on avoir besoin de nouvelles réformes de retraite dans les années à venir ?
Personne ne peut avoir de certitudes. Trop de paramètres rentrent en jeu.
Avec le passage à 64 ans, le gouvernement a toutefois fait une partie significative du chemin qui nous séparait de nos voisins européens.

Avec :
— 43 annuités ;
— une rentrée de plus en plus tardive dans la vie active : la génération née en 1960 qui part en ce moment est rentrée 18 mois plus tard que la génération 1950, la génération 1970, 18 mois plus tard que la génération 1960, soit trois ans plus tard en seulement vingt ans ;
— un âge moyen de départ dans le privé qui était déjà de 63 ans et six mois avant la réforme…

Mon opinion est que nous ne sommes pas loin d'un équilibre durable.

Les paramètres qui peuvent évoluer sont d'une part l'espérance de vie, dont l'augmentation ralentit, mais avec des progrès potentiels de la médecine qui peuvent de nouveau l'augmenter, et une natalité française en baisse préoccupante depuis une dizaine d'années.

D'autre part, le point le plus essentiel est la compétitivité de la France et la capacité à maintenir une activité économique florissante qui, par les salaires aujourd'hui, et peut-être une autre base additionnelle dans le futur, permettra de financer le système.

Le système de répartition à la française est-il pérenne ?

Depuis plus de cinquante ans, chaque génération est persuadée qu'elle est celle qui « ne touchera rien à la retraite ».

Pourtant, en 2023, la France est le pays qui sert les retraites les plus élevées d'Europe et est à l'équilibre (au prix de prélèvements très élevés, il est vrai).

Les retraités y ont un niveau de vie supérieur au reste de la population (Insee), le taux de pauvreté le plus bas d'Europe et ils ont un taux d'épargne très élevé, alors que l'on pense tous que les retraités puisent dans leur épargne.

Cette sur-épargne des seniors n'est d'ailleurs pas du tout optimale pour le financement de notre économie. Lorsqu'on regarde objectivement le système, on constate qu'il a une forte capacité d'adaptation et que des déficits annoncés de 6 milliards d'euros en 2030 ne représentent que 1,5 % du montant des retraites versées chaque année.

Combler ce déficit est relativement aisé.

L'Arcco-Agirc qui représente 20 % des retraites en France est d'ailleurs passé en dix ans d'un déficit de 6,5 milliards à un excédent de 5 milliards d'euros en 2022, qui devrait encore augmenter avec la réforme.

Les retraites de l'État et les régimes spéciaux (dont la disparition est désormais votée mais à très longue échéance) sont les seuls avec des déficits significatifs, le secteur privé (60 % du total) est à l'équilibre.

Quels sont les pièges à éviter quand on prépare sa retraite ?

La première chose est de prendre conscience des enjeux considérables :

— 960 000 euros de retraite perçue en 25 ans pour un couple avec 3 200 euros par mois (retraite moyenne d'un couple) ;

— 1,5 M€ pour 25 ans d'une retraite de 5 000 euros pour un cadre supérieur ;

— 600 000 euros en 25 ans si seul l'homme a travaillé, avec la retraite moyenne des Français (1 955 euros par mois).

Les Français pensent qu'on a préparé sa retraite avec 10 000 euros sur un livret A et 30 000 euros sur une assurance-vie mais cela n'a rien à voir avec les enjeux

et les besoins de financer 25 années (en moyenne) à la retraite.
Le premier piège à éviter est d'éviter de « perdre » des trimestres, y compris (et surtout) lorsqu'on est jeune. Travail non déclaré, parent qui s'arrête pour élever un enfant, entrepreneur qui ne se paye pas pendant les premières années, chef d'entreprise qui choisit les dividendes pour « échapper » aux cotisations sociales (très mauvaise idée par ailleurs, en général), expatrié qui ne cotise pas à la Caisse des Français de l'étranger… On rencontre de nombreux cas d'insouciants ou d'inconscients.
20 trimestres manquants font perdre jusqu'à 24 % de la retraite.
Autrement dit, 140 000 euros de perdus sur la retraite moyenne de 1 955 euros/ mois.
235 000 euros en moins pour le couple avec 3 200 euros par mois.
340 000 euros pour le cadre avec une retraite de 5 000 euros par mois.
Vos trimestres valent de l'or !
D'autant plus qu'il suffit d'un salaire d'environ 6 800 euros dans l'année pour valider les quatre trimestres.

Quels sont vos tuyaux pour optimiser sa retraite ?
Cela dépend vraiment de la situation de chacun.
Le problème est qu'il est généralement très compliqué de quantifier l'impact de nos cotisations. Et pourtant c'est le meilleur investissement que l'on puisse faire. Le système est truffé d'effets de seuil qui peuvent jouer dans le bon ou le mauvais sens.

Le premier tuyau, et le plus important, est de **valider ses trimestres à tout prix**.
Le **rachat de trimestres** peut être une option extrêmement rentable, en particulier pour les cadres et cadres supérieurs, mais également pour les entrepreneurs.
Le rendement obtenu peut atteindre des montants qu'aucun placement n'offrira jamais.
Il donne ensuite une dimension de liberté à la personne qui a racheté.
Mais attention, cela doit se faire en prenant en compte tous les scénarios futurs.
Contrairement à ce que l'on entend beaucoup, je recommande de le faire le plus tôt possible et en tout cas de l'étudier dès 45 ans.
Il y a même pour les jeunes diplômés un dispositif qui accorde un bonus de 1 000 euros pour racheter ses trimestres. S'il est normal que les jeunes (qui n'y croient pas) ne s'y intéressent pas, je recommande à leurs parents de regarder pour eux et surtout de le faire dès la fin des études pour des raisons de coût.
Cerise sur le gâteau, le rachat de trimestres est déductible du revenu imposable et ne rentre pas dans le plafond des « niches fiscales ».
Pour les **Français travaillant à l'étranger** sans le *full package expat* payé par l'employeur, il est indispensable d'étudier la cotisation à la Caisse des Français de l'étranger (CFE retraite).
Loin de « donner de l'argent à la Sécu » comme on l'entend souvent, cela peut être le meilleur placement de votre vie.
On a vu des expatriés qui, pour économiser 35 000 euros de versement à la CFE, ont perdu 450 000 euros de retraite !

De même, le conjoint « suiveur » qui ne peut/veut pas travailler dans le pays peut cotiser à la CFE en tant que chargé de famille.
Là encore, cela peut être incroyablement rentable.
Le nombre de Français adhérents à la CFE vieillesse (hors des *full package* des grandes entreprises) est dérisoire et, pire, en baisse.
Pour les indépendants, commerçants, exploitants agricoles, la règle de base reste de valider ses quatre trimestres chaque année, même si votre activité rapporte peu et que vous êtes tenté de ne pas vous payer.
Lorsque l'activité devient meilleure, pour ceux qui travaillent en couple, je recommande de s'intéresser à l'épargne salariale qui est l'un des meilleurs outils de constitution de patrimoine.

La seule solution est-elle de compléter sa retraite par répartition par la constitution d'une épargne retraite ?
Il faut évidemment épargner.
Mais pas forcément avec pour seul objectif la retraite.
La première étape est d'avoir une certitude en ce qui concerne le montant de sa retraite.
Attention aux simulateurs « instantanés » qui risquent de vous induire en erreur et minimisent généralement les montants.
Faites l'effort d'y consacrer du temps, la retraite obligatoire est le premier patrimoine de 99 % des Français !!!
Une fois cette étape sérieusement étudiée, surtout à partir de 50 ans, clarifiez bien vos projets de vie.
Ensuite, vous serez vraiment en position d'affiner et ajuster votre stratégie patrimoniale.

D'une manière générale, les règles classiques de gestion restent applicables :

— diversification ;

— ne pas se laisser aveugler par l'éventuel avantage fiscal ;

— attention aux frais et frais cachés ;

— adaptation des choix de placement à l'objectif de vie.

Et puis surtout, plus on est jeune, plus il est important de choisir des options rendement qui sur le long terme ont un impact multiplicateur incomparable.

5

L'épargne pour la retraite

Nous y voilà.

Nous entrons dans le vif du sujet : l'épargne.

Dès lors qu'on sait, et vous le savez puisque vous avez lu le début de ce livre, que le système de retraite par répartition n'est viable qu'avec une réduction drastique des pensions futures, il faut, pour atteindre vos objectifs, même limités, de budget de fonctionnement à l'âge de la retraite, vous constituer un patrimoine.

Un patrimoine qui générera à la retraite des revenus complémentaires et vous permettra, grâce à sa liquidation progressive jusqu'à la fin de votre vie si vous ne souhaitez pas le transmettre, de percevoir une « rente » supplémentaire.

Entendons-nous bien : nous ne vous ferons aucune concession sur l'épargne. Le plus sûr moyen de sauver votre retraite, c'est de vous constituer une épargne au prix de sacrifices, si nécessaire, ET de la faire fructifier tout en la préservant.

Et c'est pour cela que le sauvetage de sa retraite commence dès le plus jeune âge… adulte. Pour sauver votre retraite, il va falloir vous intéresser au sujet dès 30 ans. On connaît votre réaction : « À 30 ans ! Penser déjà à la retraite mais c'est déprimant ! » Non, justement. Consacrer une heure par mois ou par trimestre à 30 ou 35 ans à penser à sa retraite est le meilleur moyen de ne pas avoir à y penser quand il sera trop tard, c'est là que ce serait vraiment déprimant. Et n'oubliez pas que les trois règles de l'épargne sont : le temps, le temps et… le temps.

Vous devez épargner

Choisissons une méthode radicale. Partons du principe que vous n'aurez pas de retraite par le système de répartition, ce qui sera partiellement vrai pour ceux qui sont âgés de moins de 35 ou 40 ans, et que votre retraite sera uniquement constituée par votre « capitalisation ». À l'américaine.

Voilà. C'est fait. Vous êtes tout seul. Plus d'État-providence (ruiné…). Vous devez économiser ce qui vous permettra de subvenir à vos besoins.

L'exercice est violent mais il a le mérite de vous aider à vous constituer une épargne « à la dure », et pour cela il n'y a qu'une méthode, qui repose sur deux principes simplissimes.

Économiser

Dès aujourd'hui. Quel que soit votre âge. Et ne vous dites pas : « La vie est trop courte, il faut en profiter. » Cette expression ne s'applique pas à une époque où on vit centenaire. « La vie est très longue, il faut économiser » : voilà la seule phrase que vous devez retenir. La vie est très longue, très très longue, et de plus en plus longue, et il faut donc ÉCONOMISER.

Il faut une « action commando » : tailler à la serpe dans vos dépenses. Réduire votre budget de fonctionnement. Dès aujourd'hui. Et quand vous aurez l'impression que vous avez fait le maximum, recommencez car, c'est sûr, il y a encore du gras à éliminer. Vous n'avez pas encore touché l'os, loin de là...

Bye-bye dès maintenant à ceux qui veulent « profiter de la vie », « ici et maintenant », et ne pas faire de sacrifices. Soit ils sont nés riches, tant mieux pour eux, soit ils sont irresponsables et, dans les deux cas, ce livre leur est totalement inutile.

Dites-vous une chose au moment où vous serez, comme dans un régime, pris de découragement : votre sacrifice d'aujourd'hui, limité, est votre survie d'après-demain.

Constituer une épargne forcée

Vous allez nous rendre service, ou plutôt VOUS rendre service. Vous allez faire prélever tous les mois sur votre compte directement, pour ceux bien sûr qui ne sont pas déjà dans une situation précaire où ils tirent le diable par la queue, 10 % de votre revenu net imposable. 10 %, ce n'est rien. C'est ce que l'État peut décider de vous prendre l'année prochaine pour financer ses dépenses inutiles.

10 %. C'est notre tarif et il n'est pas négociable. Si vous pouvez faire plus, tant mieux. Si vous ne pouvez

rien faire compte tenu de votre situation critique, nous en sommes désolé. Mais pour les autres, 10 %. Prélevés mensuellement. Une noisette chaque mois. Votre réserve pour l'automne et l'hiver de votre vie. 10 %. Et, petit à petit, tentez de parvenir progressivement à un taux d'épargne de 15 %. 10 %, c'est le minimum non négociable. 15 %, c'est l'objectif.

Ce que nous vous demandons n'est pas impossible car on vous rappelle que le taux d'épargne des ménages français tourne autour de 18 %.

On verra plus tard ce qu'il faudra faire de cette épargne. Mais dès maintenant appelez votre banque et demandez qu'elle vous fasse un prélèvement automatique de 10 %, approximativement, pour ceux qui ont des revenus variables, de votre revenu net. Dites-lui que vous lui donnerez les coordonnées pour le transfert plus tard.

C'est fait ? Sûr ?

On peut continuer…

Maintenant, il va falloir faire le tour des produits d'épargne…

L'épargne retraite… On déteste ce terme. Il ne veut rien dire et, pourtant, on le trouve dans tous les livres sur le sujet et dans tous les numéros spéciaux Retraite. Mais il ne faut pas s'arrêter à quelques produits spécifiques destinés à la retraite et qui pour l'instant n'ont pas décollé, car toute forme d'épargne peut être labellisée « retraite », à commencer par le placement favori des Français, l'assurance-vie…

Il n'y a pas d'« épargne retraite ». Il y a l'épargne, sous toutes ses formes, et cette épargne peut, en fonction de son utilisation, vous permettre de sauver votre retraite. Il faut néanmoins distinguer les produits « généraux » des produits spécifiquement conçus pour la retraite.

La résidence principale

L'immobilier est une des clés de la retraite.

C'est même la clé principale.

Si, à l'âge de votre départ à la retraite, vous êtes propriétaire d'un bien immobilier sans hypothèque, que ce soit votre résidence principale ou un bien dont la vente vous permet d'acheter une résidence principale pour votre retraite, vous êtes sauvé. Sauvé !

C'est aussi simple que cela. Injuste pour les jeunes et ceux qui ont « raté le coche », mais simple.

L'immobilier pour la retraite c'est : *un toit, un capital, et une rente.*

Un toit

Si la France est l'un des seuls pays dans lesquels les prix de l'immobilier augmentent quasiment chaque année malgré les crises, c'est que les Français qui en avaient les moyens se sont précipités pour acheter leur résidence principale. Par défiance envers les placements financiers, envers la capacité des politiques à gérer les finances de la France, et notamment le budget de la retraite, et par souci de ne pas se retrouver SDF à la retraite.

« Si le monde s'écroule, si les banques s'écroulent, si l'État s'écroule, je veux au moins avoir un toit... » Voilà ce qu'on entendait de 2008 à 2012... Et même encore aujourd'hui.

La ruée vers le toit a provoqué une flambée spectaculaire de l'immobilier. Une flambée historique. Une hausse des prix totalement déconnectée de la croissance économique, de la progression des loyers, des revenus et du pouvoir d'achat.

Posséder sa résidence principale lors de son départ à la retraite, sans crédit immobilier, permet d'éliminer un des postes principaux du budget : le loyer ou le remboursement de crédit. Et de se garantir contre le risque de se retrouver à la rue si votre propriétaire décide de reprendre son bien pour y habiter, même quand vous avez largement les moyens de payer le loyer. Et déménager à 75 ans, convaincre un nouveau propriétaire de vous louer un logement avec pour seule ressource votre pension, n'est pas simple. Autant de traumatismes qu'il faut tenter d'éviter. Si vous le pouvez, bien sûr.

Un capital

Posséder un bien immobilier, c'est évidemment posséder un capital.

Un capital que vous pouvez utiliser de différentes façons et qui peut être partiellement « liquide ».

Si vous avez un bien immobilier un peu plus grand que vos besoins à la retraite (plus d'enfants à charge, et des petits-enfants qui viennent un peu mais pas souvent) ou si vous avez un bien immobilier dans une localisation de type centre-ville qui correspondait à une vie active, vous pouvez le vendre pour acheter plus petit ou dans une localisation correspondant plus à votre nouveau mode de vie. Certains vont jusqu'au Maroc mais il suffit de vous éloigner de 20 kilomètres du centre-ville, dans un environnement plus calme, ou de choisir une ville plus petite, pour que le prix au mètre carré s'écroule.

Dès lors vous avez encore un toit à vous et vous récupérez un capital (différence entre le prix de vente de votre bien actuel et le prix d'achat d'un bien correspondant à votre vie de retraite) qui vous permettra de compléter votre pension.

Une rente

C'est le vrai sujet pour une grande majorité de retraités qui possèdent un bien immobilier. Beaucoup de retraités qui possèdent leur résidence principale craignent cependant d'avoir un capital « qui ne rapporte rien » alors qu'ils ont des revenus insuffisants. C'est certes réconfortant et rassurant d'avoir une résidence principale d'une valeur de 200 000, 300 000, 400 000, 500 000 euros, voire beaucoup plus pour les heureux retraités de l'île de Ré… mais cela ne paie pas les courses au quotidien…

En fait, si.

Une résidence principale, c'est un capital. Mais c'est aussi une source de revenus.

Sans avoir ni à déménager, ni à céder de son vivant.

Avec deux options.

Le viager

Oui, on sait, le viager n'a pas la cote en France. Moins de 1 % des ventes sur l'immobilier. Le produit souffre d'un problème d'image : le pari sur sa propre mort n'est guère attirant. N'oublions pas le film de Pierre Tchernia avec Michel Serrault, *Le Viager*, qui a effrayé des générations d'investisseurs…

Mais le produit va devoir évoluer et même probablement changer de nom car il va devenir nécessaire de trouver une solution pour créer une « rente » à partir de sa résidence principale. Aujourd'hui, un viager, c'est la vente d'un bien le plus souvent occupé par son propriétaire contre un capital, appelé « bouquet », et le versement par l'acquéreur d'une rente pendant la durée de vie du ou des vendeurs.

77 % des plus de 70 ans sont propriétaires, mais disposent de peu de liquidités. Le viager permet à une personne de vendre la « nue-propriété » de sa résidence principale. Une vente qui lui permettra de recevoir des revenus sans perdre l'usage de sa résidence principale. Cela tombe bien, 94 % des retraités ne veulent pas déménager.

Vous avez compris le principe : l'acheteur profite d'une décote sur la valeur de votre bien et « parie » sur votre mort prochaine. Et vous, vous pariez que vous allez tenir le plus longtemps possible mais, surtout, vous gardez votre toit et vous touchez un capital et une rente jusqu'à la fin de votre vie, quelle que soit sa durée.

La valeur du bouquet et de la rente dépend évidemment du prix du marché, sur lequel s'applique une décote selon le nombre de vendeurs (couple ou individu seul), le sexe (une femme vit plus longtemps qu'un homme) et l'âge du vendeur. La décote est, par exemple, d'environ 50 % pour une femme de 70 ans alors qu'elle sera de 43 % pour un homme du même âge et qu'elle sera seulement de 25 % pour un homme de 85 ans (source : seloger.com).

Comme pour toute vente immobilière, le propriétaire qui veut vendre son bien en viager peut passer par une agence, un notaire, ou diffuser lui-même des annonces dans les journaux et sur Internet. Mais l'idéal est de vendre son bien à un fonds (ex. : une société civile immobilière) qui achète des biens immobiliers à des retraités, lesquels en conservent l'usage. Généralement, ces fonds ne servent pas de rente, mais achètent le bien avec une décote (entre 10 et 30 %) et récupèrent la pleine propriété du bien au décès du retraité. Étant donné qu'il n'y a pas de rente et que le fonds investit sur de nombreux biens, il supprime l'aléa du décès rapide ou très long. Il sait que certains de ces viagers vont durer très longtemps, mais d'autres seront beaucoup plus courts. En fin de compte, la durée moyenne des viagers sera très proche de l'espérance de vie des occupants. Ces fonds qui commencent à se développer en France permettent ainsi d'éviter de vendre à une seule personne qui attend votre mort et vous observe de l'autre côté de la rue…

À retenir : tel qu'il est conçu et proposé aujourd'hui, le viager progressera peu malgré ses avantages évidents pour les retraités. Mais il va évoluer. Vite. Très vite. Car on va être confrontés à un nombre grandissant de seniors possédant leur résidence principale mais ayant des revenus insuffisants.

Le prêt viager hypothécaire

C'est pour nous, sans aucune hésitation, le produit incontournable de l'avenir.

L'inconvénient majeur du viager pour le vendeur, c'est qu'il ne transmettra rien même s'il meurt très peu de temps après sa vente. Imaginons que vous ayez vendu en viager un bien immobilier à 70 ans avec une décote de 43 % et que vous mouriez deux ans après. Vous aurez « perdu » la vie certes, mais votre bien aura aussi perdu environ 40 % de sa valeur : la décote n'aura été que très partiellement compensée par les quelques rentes mensuelles que vous aurez touchées, et c'est dommage pour vos héritiers.

Il existe un produit immobilier qui pallie cet inconvénient majeur. Le prêt viager hypothécaire. D'origine anglo-saxonne, le *reverse mortgage* est encore balbutiant en France alors qu'il est très répandu aux États-Unis et dans de nombreux pays européens.

Il permet à toutes les personnes seniors d'obtenir des liquidités sur leur patrimoine immobilier tout en conservant la pleine propriété de leur bien.

C'est donc un prêt garanti par une hypothèque sur un bien immobilier.

C'est un prêt sans paiement de mensualités (la loi de transition énergétique a cependant ajouté une possibilité de remboursement périodique pour les seuls intérêts).

Le prêt est versé à l'emprunteur sous forme de capital ou de versements périodiques.

Lorsque vous mourez, la banque se rembourse, capital plus intérêts. Si ce montant est inférieur à la valeur du bien à votre décès, la différence revient à vos héritiers ; s'il est supérieur, c'est la banque qui supporte la différence.

Il faut avoir plus de 65 ans pour en bénéficier.

Aujourd'hui, ce produit fonctionne mal. Il est plombé par l'interdiction de démarchage et les fortes restrictions sur la publicité. Par conséquent, le nombre de banques qui proposent ce type de transaction est très limité. Elles n'en font en tout cas pas la publicité et le proposent uniquement à leurs clients qui en font la demande. Seules la Banque populaire et la Caisse d'épargne ont une offre dédiée : Reversimmo. Et comme la concurrence est faible, les acteurs qui le proposent en profitent pour se rémunérer largement : les frais de montage de dossier sont parfois exorbitants, les taux sont assez dissuasifs (entre 5 à 8 %), et surtout, le montant de prêt proposé est souvent très bas par rapport à la valeur du bien (si vous avez moins de 90 ans, il est difficile d'obtenir plus de 50 % de la valeur du bien). Il est donc nécessaire de comparer les offres, en faisant appel à un courtier spécialisé, et même de négocier, surtout si vous avez un bon dossier.

À retenir : le prêt viager hypothécaire est un produit d'avenir. Ce produit va évoluer.

Il doit évoluer. Comme le viager. Car il correspond à un besoin.

Votre résidence principale à la retraite constituera, que ce soit avec le « nouveau » viager, le « nouveau » prêt viager hypothécaire, ou un produit que les banques ou compagnies d'assurances sont en train d'inventer, une source de rente.

Un toit, un capital, une rente.

L'immobilier, c'est tout cela.

Alors on en entend déjà qui hurlent ou qui désespèrent :

— « Je suis locataire de ma résidence principale... mais j'ai une petite résidence secondaire » : aucune importance ; l'important, c'est d'avoir un bien immobilier dont la valeur peut et doit correspondre à la valeur du bien dans lequel vous vivrez votre retraite ;

— « Les prix sont trop élevés, j'ai de l'argent mais je ne peux pas acheter » : vous avez raison. Si vous avez loupé le coche de votre maison, attendez. Les prix de l'immobilier doivent baisser du fait de la hausse des taux. Un peu. Pas beaucoup. Mais surtout, baissez vos prétentions. Plus petit. Moins central. Plus de « charme » et moins de « standing » ;

— « Je suis locataire, j'ai l'âge de la retraite et je n'ai aucun bien immobilier, je me suicide ? » Évidemment non ! Si posséder un bien immobilier à la retraite est un atout majeur, ne pas en posséder n'est pas une catastrophe. Il faudra mieux travailler sur votre épargne pour couvrir en plus vos besoins futurs de loyers...

— Vous avez 60-65 ans. Vous avez eu la possibilité d'acheter mais vous avez choisi de faire moins de sacrifices et de profiter de la vie. Pas la peine de regretter.

On ne peut pas revenir en arrière et même si vous le pouviez, vous feriez peut-être la même chose car vous avez vécu comme vous en aviez envie. Mais vous avez de la chance. Vous êtes la génération qui bénéficiera encore, même s'il sera rogné, plus fiscalisé, du système de retraites de l'État-providence en faillite. Vous ne vivrez pas dans l'abondance. Mais vous ne serez pas à la rue. Aux États-Unis, vous seriez SDF. En France, vous êtes protégé. Si vous avez un petit capital, faites au mieux pour le préserver et le faire fructifier pour vous assurer un petit complément de revenus et, bien évidemment, vous ne laisserez rien à vos descendants qui pourtant bossent pour payer votre pension…

En conclusion, un toit, un capital, une rente, l'immobilier, c'est tout cela.

Posséder un bien immobilier est une obsession française. Le patrimoine des ménages français est de plus de 15 000 milliards d'euros, soit plus de six fois la dette française, dont plus de 9 000 milliards en immobilier.

Ce sont aujourd'hui les seniors qui possèdent en grande majorité leur résidence principale.

Il faut donc que les générations suivantes se constituent au plus vite une épargne, pour avoir un apport et pouvoir contracter un emprunt pour faire l'acquisition, en fonction des conditions du marché, de leur résidence principale ou d'un bien immobilier. Le remboursement du crédit correspond à une épargne forcée salutaire. Attention cependant à ne pas acheter n'importe quoi à n'importe quel prix – c'est évident mais mieux vaut le répéter –, et à ne pas s'endetter au-delà de ce que vous autorisent vos revenus – mais là, l'avantage, c'est que les banques ne prêtent pas facilement et ne vous laisseront donc pas vous « surendetter », au contraire ! La hausse des taux a modifié la donne. La production de crédits immobiliers s'est effondrée et les primo-accédants ont de plus en plus de mal à réaliser leurs rêves, surtout s'ils n'ont pas l'aide de Papa et Maman. Mais tenez bon, la situation va finir par revenir « à la normale », si cette expression a encore un sens dans ce monde en révolution permanente.

Les placements dédiés à la retraite

Le plan d'épargne retraite individuel (Perin)

Bien avant la réforme des retraites de 2023, et même avant celle de 2020 qui avait été repoussée du fait de l'épidémie de Covid, le gouvernement d'Emmanuel Macron s'était déjà attaqué au sujet de la retraite. Et plus précisément de l'« épargne retraite ». La loi Pacte 2019 a en effet instauré le PER, dont le but était de moderniser les anciens dispositifs, peu appréciés du grand public. Pas toujours clairvoyant sur le sujet des retraites, le gouvernement peut au moins se féliciter de ce succès : trois ans après son lancement, le PER a largement dépassé les attentes. Plus de 6 millions de Français possèdent aujourd'hui un PER. Bercy misait sur 3 millions à l'horizon trois ans. Si cet objectif pouvait paraître élevé à l'époque, sa réussite n'est en réalité pas très surprenante. Parce que pour construire cette nouvelle enveloppe, le gouvernement a écouté les besoins des épargnants français.

Il a d'abord eu la bonne idée de calquer l'offre PER sur l'enveloppe préférée des épargnants, l'assurance-vie, détenue par plus de 18 millions de Français. Le PER n'est ni plus ni moins qu'un contrat d'assurance-vie dédié à la construction d'une épargne retraite. Durant toute sa vie active, l'épargnant peut effectuer des versements libres ou programmés, versements qui capitalisent dans le temps.

À ce titre, et comme l'assurance-vie, le PER n'est pas un simple livret d'épargne, c'est un véritable placement de long terme qui permet à l'épargnant d'investir au choix sur différents actifs : fonds en euros garanti, actions, obligations, diversifiés et pourquoi pas immobilier, matières premières ou encore *private equity*. L'épargnant peut définir lui-même son allocation d'actifs, ou sélectionner une des allocations clés en main, proposées par le gestionnaire, assureur ou distributeur, de son contrat, selon différents profils types (prudent, équilibré, dynamique, etc.). Il est également libre de modifier son allocation dans le temps, selon l'environnement économique ou l'évolution de son profil, mais il peut aussi sélectionner une gestion déléguée pour laquelle un gérant définit les évolutions à apporter selon le profil. Plus l'épargnant prend des risques dans ses investissements, par exemple en privilégiant l'investissement en actions ou en immobilier aux dépens du fonds en euros sans risque, plus il peut espérer une performance attractive sur le long terme. Les actions, l'immobilier ou encore le *private equity* ont historiquement offert des rendements bien supérieurs aux placements sans risque. Mais prendre des risques signifie aussi accepter de subir une perte de son capital. Les performances passées ne sont pas une garantie de performances futures. Ceux qui ne veulent pas prendre de risques doivent se contenter d'investir dans des placements garantis. Heureusement, leur taux a augmenté ces derniers mois. Le plus important pour l'épargnant est donc de bien déterminer son profil, en fonction des performances qu'il espère, mais aussi et surtout des risques qu'il est prêt à prendre.

Mais pour rivaliser avec le contrat d'assurance-vie, le PER avait besoin d'une carotte… fiscale : les versements réalisés dans le PER sont déductibles du revenu imposable. C'est très simple : plus vous versez dans un PER, moins vous avez de revenus à déclarer. La déduction est limitée :

— pour les salariés, les versements déductibles sur l'année n ne peuvent dépasser 10 % des revenus du travail de l'année n-1 (après abattement de 10 %), dans la limite de 80 % du Pass de l'année n-1 ou 10 % du Pass de l'année n-1, si ce montant est supérieur ;

— pour les TNS (travailleurs non salariés : indépendants, commerçants, artisans, chefs d'entreprise…), les versements déductibles sur une année ne peuvent dépasser 10 % du bénéfice imposable de l'année n, dans la limite de 80 % du Pass de l'année n, auxquels s'ajoutent 15 % de la fraction du bénéfice imposable comprise entre 1 et 8 fois le Pass de l'année n, ou 10 % du PASS de l'année n, si ce montant est supérieur.

Compliqué ? Pas de panique, ce montant maximal que vous pouvez déduire figure sur votre avis d'imposition en case « 6PS ».

Comme il s'agit d'un produit de déduction fiscale, la réduction d'impôt dépend de la tranche marginale d'impôt (TMI).

Le calcul de l'impôt sur le revenu en France est progressif. Il se base notamment sur un barème composé de tranches marginales d'imposition (TMI). Plus le revenu considéré est élevé, plus le taux d'imposition est important.

Impôt 2024 sur les revenus 2023

Tranche de revenu par part fiscale	Taux applicable pour la tranche
Jusqu'à 11 294 €	0 %
De 11 295 € à 28 797 €	11 %
De 28 798 € à 82 341 €	30 %
De 82 342 € à 177 106 €	41 %
Plus de 177 106 €	45 %

Barème prévu dans le projet de loi de finances pour 2024.
(Source : Moneyvox)

Tout le principe de la déduction fiscale repose sur les taux ci-dessus. Le montant d'un investissement vous donnant droit à cet avantage fiscal pourra être retiré de votre revenu imposable. Concrètement, 5 000 euros placés sur un PER se traduisent par 5 000 euros qui ne seront pas imposés au barème de l'impôt.

L'économie d'impôt réalisée se calcule donc en fonction de la TMI. Pour 5 000 euros de déduction fiscale :

— Un contribuable imposé dans la tranche à 30 % paiera 1 500 euros d'impôt de moins ;

— Un contribuable imposé dans la tranche à 45 % paiera 2 250 euros d'impôt de moins.

En contrepartie de l'avantage fiscal, l'épargnant subit une forte contrainte : les sommes sont bloquées jusqu'à la retraite. Il existe quelques cas rares de sortie anticipée liée à des accidents de la vie :

— le décès du conjoint ou du partenaire de Pacs ;

— l'invalidité de 2e ou 3e catégorie du titulaire du PER, de son conjoint marié ou pacsé ;

— la situation de surendettement du titulaire ;

— l'expiration des droits au chômage du titulaire, à la suite d'une perte involontaire d'emploi. Les mandataires sociaux (administrateurs, membres du directoire ou de conseil de surveillance) peuvent aussi bénéficier de la possibilité de rachat du PER, à condition de ne pas être retraités et percevoir une pension d'un régime obligatoire, et de ne pas être titulaire d'un contrat de travail ou d'un mandat social depuis deux ans au moins à compter du non-renouvellement ou de la révocation de leur ancien mandat social ;

— la cessation d'activité non salariée à la suite d'un jugement de liquidation judiciaire ou pour toute situation justifiée par le président du tribunal de commerce auprès duquel est instituée une procédure de conciliation.

Le blocage des sommes jusqu'à la retraite n'est pas vraiment une contrainte quand on sait qu'on épargne pour le seul but de construire sa retraite. Il faut juste être certain qu'on n'aura pas besoin de cette épargne avant (sauf accident de la vie), et donc avoir déjà une épargne de précaution et une assurance-vie pour les autres objectifs.

Réduire ses impôts, préparer sa retraite : voici deux des principaux objectifs patrimoniaux des Français, atteignables grâce au PER. Mais en réalité, ces avantages n'étaient pas vraiment nouveaux. Le Perp, plan d'épargne retraite populaire, l'ancêtre du PER, permettait déjà de préparer sa retraite en réduisant ses impôts, dans une enveloppe proche de l'assurance-vie. Comment expliquer alors l'échec du Perp et la réussite du PER ? L'État a pris deux mesures fortes pour rendre plus attractif ce dernier.

— Tout d'abord, la possibilité de faire des retraits dans le PER avant la retraite, pour acquérir sa résidence principale, encore un autre objectif fort des Français... Attention cependant, cette sortie doit obligatoirement servir intégralement à un apport pour acheter la résidence principale. Et elle est fiscalisée. Il faut donc veiller à ce que la fiscalité à la sortie ne soit pas plus élevée que le gain fiscal à l'entrée. En pratique, on achète souvent sa résidence principale quand les revenus et donc les impôts sont relativement hauts. Investir dans un PER pour financer sa résidence principale n'est donc généralement pas très rentable. L'objectif du PER doit être en premier lieu la préparation de la retraite. La sortie pour acquérir sa résidence principale n'est donc qu'une précaution, en cas de besoin.

— L'autre avantage du PER par rapport au Perp est la souplesse de la sortie à la retraite. Alors que le capital du Perp n'était disponible que sous forme de rente viagère, les retraités ont le choix avec le PER entre rente viagère ou retrait en capital. Les Français n'aiment pas la rente. Certes, elle permet de garantir un revenu à vie, mais son calcul est obscur, tout comme sa revalorisation dans le temps, et les épargnants ont l'impression qu'il faut qu'ils vivent jusqu'à 110 ans pour récupérer au moins l'ensemble des sommes placées. Et dans certains cas, ce n'est pas qu'une impression… Dès lors, le choix pour la sortie en capital sous forme de retraits apparaît comme un avantage considérable du nouveau PER. D'autant que l'épargnant peut aussi opter pour une combinaison entre une partie en rente et une partie en retraits fractionnés sur plusieurs mois ou années, et adapter ainsi ses sorties à ses besoins.

Bien sûr, ces retraits (ou ces rentes) sont imposés et ne bénéficient pas de la fiscalité avantageuse de l'assurance-vie. Certains diront même que l'avantage octroyé à l'entrée est complètement repris à la sortie. C'est faux, pour deux raisons. Tout d'abord parce qu'à la retraite, votre taux d'impôt est généralement plus faible. Et surtout parce que le PER offre un gain fiscal immédiat. Certes, les versements seront refiscalisés à la sortie, mais 10, 15 ou 25 ans plus tard. Si on vous donne 100 euros aujourd'hui et qu'on récupère 100 euros dans 25 ans, vous avez gagné combien ? Zéro ? Non. Vous avez gagné les intérêts de 100 euros placés pendant 25 ans. Un avantage indéniable du PER.

Plutôt que placer 300 euros par mois dans l'assurance-vie, placez 330 ou 450 euros (selon votre déduction d'impôt) sur un PER. Si vous êtes dans le TMI de 30 %, placer 425 euros vous permet de bénéficier d'une économie d'impôt de 125 euros. Votre effort d'épargne est donc identique. Au bout de 20 ans, vous auriez sur votre PER 156 000 euros (hypothèse de rendement de 4 %). Alors que vous auriez 110 000 euros si vous aviez placé 300 euros par mois sur un contrat d'assurance-vie (avec la même hypothèse de rendement). Même si la fiscalité à la sortie est plus douce sur l'assurance-vie, la rentabilité nette reste supérieure pour le PER. CQFD.

À retenir : le plan d'épargne retraite individuel est le placement idéal pour se construire un complément de retraite tout en bénéficiant d'une réduction d'impôt lors des versements. Son principal inconvénient est que les sommes sont bloquées jusqu'à la retraite. Il faut donc verser UNIQUEMENT les sommes dont on n'aura pas besoin avant la retraite. Une fois qu'on s'est constitué une épargne de précaution et une épargne de plus long terme, dans lesquelles on peut puiser en cas de besoin, il faut diriger son épargne vers le PER.

Comment bien choisir son PER ?

Avec la loi Pacte et la mise en place du PER, l'État a réussi à convaincre des millions de personnes d'ouvrir cette nouvelle enveloppe. Malheureusement, les établissements financiers en ont profité pour distribuer des produits maison… de qualité très discutable et lourdement chargés en frais. La plupart des PER souscrits par les particuliers prennent ainsi des frais d'entrée (alors qu'il existe des plans sans frais d'entrée), ont des frais de gestion supérieurs à l'assurance-vie (alors que l'enveloppe financière est la même, voire plus simple pour l'assureur puisque les retraits sont bloqués) et proposent très peu de supports, et pas forcément des supports performants. Il existe néanmoins des PER individuels de très bonne qualité. Vous les trouverez en consultant les différents comparateurs en ligne, et les palmarès des médias indépendants (*Mieux vivre votre argent*, *Le Particulier*, etc.). Ces PER sont comparés selon des critères incontournables :

— les frais d'entrée : privilégiez les contrats sans aucun frais d'entrée ;

— les frais de gestion : maximum 0,8 %, mais on trouve des contrats à 0,6 ou 0,5 % ;

— la performance du fonds euros, le fonds garanti du contrat, indispensable pour les profils prudents voire équilibrés : un bon fonds euros est un fonds qui a rapporté plus de 2 % en 2022 et en 2023 ;

— un grand nombre de supports diversifiés : fonds actions, fonds obligataires, ETF (*exchange traded funds)*, véhicule de pierre-papier, fonds de *private equity…* ;

— l'accès à des allocations types suivant le profil, et idéalement une gestion pilotée de qualité ;
— un accompagnement avec un conseiller accessible au téléphone, voire par visio ou rendez-vous physique.

Le plan d'épargne retraite entreprise (Pere)

Le PER peut être souscrit à titre individuel (auprès d'une banque ou d'un courtier en assurances), mais également au sein de l'entreprise (Pere). Ce dispositif a pour but de remplacer les dispositifs existants (Perco, Prefon, etc.), trop complexes. Grâce à ces nouveaux plans, l'épargne est désormais transférable entre les produits (anciens comme nouveaux) et les conditions de transfert et de sortie ont été facilitées.

Toutes les entreprises peuvent proposer un Pere à leurs salariés. Les entreprises sont obligées d'ouvrir une négociation pour la mise en place d'un système d'épargne retraite collective, si la convention collective à laquelle appartient l'entreprise le prévoit ou si l'entreprise a déjà mis en place un plan d'épargne d'entreprise (PEE) depuis plus de trois ans.

Si l'effectif de l'entreprise ne dépasse pas 250 salariés, son dirigeant peut également bénéficier du PER, quel que soit son statut. Le conjoint marié ou pacsé du dirigeant peut aussi bénéficier du PER s'il a le statut de conjoint collaborateur ou de conjoint associé.

Il existe deux types de plans :

— le Pere collectif, ouvert à tous les salariés d'une entreprise. Son adhésion est facultative, mais le règlement peut prévoir l'adhésion automatique de tous les salariés. Dans ce cas, le salarié doit être informé de son adhésion, dans les conditions prévues par le règlement. Il a alors 15 jours pour faire savoir qu'il refuse d'adhérer au plan ;

— le Pere obligatoire, qui peut être réservé à une seule catégorie de salariés. Ces salariés ont l'obligation de souscrire.

À noter que la plupart des Pere proposés combinent à la fois un « compartiment collectif » et un « compartiment obligatoire ».

Dans le cadre d'un Pere obligatoire, l'entreprise réalise des versements pour le compte des salariés. Le taux de cotisation (qui correspond souvent à un pourcentage du salaire) est défini lors de la souscription du contrat par l'entreprise. L'employeur peut également alimenter le compte individuel des salariés affiliés par des versements réguliers (ces cotisations sont sous conditions déductibles du résultat imposable de l'entreprise).

Les versements obligatoires de l'employeur et du salarié sont exonérés d'impôt sur le revenu (mais pas de prélèvements sociaux) jusqu'à hauteur de 8 % de la rémunération annuelle brute, plafonnée à 8 fois le Pass.

Pour le reste, le Pere peut être alimenté avec différentes sommes :

— L'épargne salariale versée par l'employeur : il s'agit des sommes versées par l'entreprise au titre de la participation et de l'intéressement. Pour les salariés, les sommes reçues au titre de l'intéressement et de la participation sont exonérées de cotisations salariales, à l'exception de la CSG et CRDS. Elles sont soumises à l'impôt sur le revenu si elles sont perçues immédiatement. Si elles sont investies dans le cadre d'un Pere, elles sont exonérées d'impôt, sans plafond pour la participation et dans la limite de 75 % du Pass pour l'intéressement.

— Les droits inscrits au compte épargne-temps (CET) ou, en l'absence de CET, des sommes correspondant à des jours de repos non pris.

— Des versements volontaires du salarié.

— L'abondement est un versement complémentaire de l'entreprise qui complète chaque versement volontaire du salarié. Dans un PER, les sommes versées au titre de l'abondement ne peuvent pas dépasser 3 fois le montant versé par le salarié ni être supérieures à 6 581,76 euros.

En matière d'épargne, le Pere fonctionne comme un PER individuel. Les sommes sont bloquées jusqu'à la retraite, sauf cas exceptionnels (les mêmes que pour le Perin). À la retraite, le capital est disponible sous forme de retrait en capital et/ou de rentes viagères, sauf pour les sommes versées dans le compartiment obligatoire, uniquement disponibles sous forme de rente.

À l'intérieur du plan, les sommes sont placées sur différents supports, au choix de l'épargnant : fonds euros, fonds actions, fonds diversifiés, etc., comme pour un PER individuel. En revanche, ces enveloppes sont généralement plus chargées en frais et relativement limitées en supports.

Mais elles ont un avantage de taille : l'entreprise peut verser l'intéressement, la participation et également « abonder » tous vos versements par un versement complémentaire. Vérifiez donc que votre entreprise en propose un et quelle est sa politique d'incitation. Et si elle est forte, n'hésitez pas à en profiter.

À retenir : le PER peut être ouvert de manière individuelle ou *via* votre entreprise. Rien ne vous empêche non plus d'avoir deux PER. Un que vous ouvrez vous-même en choisissant le meilleur PER adapté à votre profil. L'autre *via* votre entreprise, en profitant des avantages qu'elle offre sur l'épargne salariale, si elle en offre.

Les anciens dispositifs d'épargne retraite

L'épargne retraite en France, c'est une longue histoire. Les contrats Madelin, réservés aux travailleurs indépendants, ont vu le jour en 1994 par exemple. Les Perp, ouverts à tous, et Perco, pour l'épargne retraite en entreprise, datent pour leur part de 2003. Au fil des années, les produits d'épargne retraite se sont multipliés comme des herbes folles. Du côté des produits individuels, on retrouve les Perp et Madelin, mais également les Corem (mutualistes) ou encore les Prefon pour les fonctionnaires. En entreprise, il existe les Perco mais aussi les articles 83, réservés habituellement à certaines catégories de salariés.

Chaque dispositif a ses caractéristiques spécifiques. Certains sont des systèmes de retraite par points (ex. : Corem, Prefon) : les cotisations permettent de récupérer un certain nombre de points, qui au moment de la retraite sont transformés en rente viagère. Certains de ces systèmes ont été pointés du doigt : les points sont de plus en plus chers à acquérir, alors que la valeur de leur conversion en retraite augmente peu voire stagne. Sauf exceptions, tous ces dispositifs ont un point commun : le capital placé est converti en rente à la retraite.

Avec cette multitude de produits d'épargne retraite, certains actifs se retrouvent dans des situations complexes : détenteurs d'un plan individuel, ils doivent également composer avec un plan « entreprise », si ce n'est plusieurs dès lors qu'ils ont travaillé dans de multiples entreprises proposant ce type de retraite supplémentaire. Résultat, leur épargne retraite est éparpillée façon puzzle entre différents plans, chacun avec un fonctionnement et des règles propres. Dans ces conditions, on comprend facilement pourquoi l'épargne retraite a rencontré tant de difficultés pour décoller en France.

Mais tout cela a changé en 2019 avec la création du PER, qui visait à moderniser l'épargne retraite. Pour commencer, il vous permet de choisir une sortie à 100 % en capital à la retraite, en lieu et place de la contrainte d'une sortie en rente viagère qui dissuade de nombreux épargnants. Surtout, plutôt que de se contenter d'ajouter une pièce au puzzle de l'épargne retraite, le PER a vocation à les rassembler toutes. À la clé, plus de visibilité pour la préparation de votre retraite, et surtout plus de simplicité.

Depuis le 1er octobre 2020, les anciens produits d'épargne retraite peuvent donc être transférés vers un PER. Ce transfert est même gratuit si le contrat a plus de 10 ans. S'il a moins de 10 ans, le transfert peut subir des frais, plafonnés à 5 % de l'encours. Les détenteurs d'un PERP peuvent ainsi demander à transférer leur épargne vers un nouveau PER, qui pourra également accueillir les encours accumulés sur un ou plusieurs Perco. Le PER parvient à réunir ces plans, et leurs différentes règles, grâce à un fonctionnement basé sur trois compartiments : un dédié à l'épargne individuelle (de type Perp, Madelin), un à l'épargne retraite d'entreprise (de type Perco) et un pour la partie catégorielle (de type article 83).

Transférer l'épargne placée sur ces anciens dispositifs vers un nouveau PER est généralement très intéressant. Non seulement parce que ces anciens dispositifs sont souvent en désuétude, peu performants et chargés en frais. Et aussi parce que le transfert permettra dans la plupart des cas de récupérer le capital sous forme de retraits à l'échéance. Quelques points de vigilance doivent néanmoins être suivis :

— Les contrats individuels type Perp, Madelin et Préfon ne peuvent pas être transférés vers des plans d'épargne retraite entreprise.

— Vous avez un Perp de moins de 25 000 euros : il existe dans ce cas un avantage du Perp par rapport au PER : l'épargnant pourra récupérer à la retraite le capital sous la forme d'un versement unique, avec une imposition au prélèvement forfaitaire de 7,5 %, très attractive.

— Vous avez un Perp de plus de 25 000 euros : la sortie totale en capital n'est pas possible, mais l'épargnant peut quand même opter pour une sortie à 80 % en rente et à 20 % en capital. Moins intéressant donc que le PER même si, là encore, la fiscalité sur le retrait en capital est assez douce : un prélèvement forfaitaire de 7,5 %.

— Vous avez un contrat Madelin : la sortie en rente offre généralement des conditions plus attractives qu'une sortie en rente dans le cas d'un PER. Les contrats Madelin proposent en effet des tables de mortalité anciennes, plus attractives, et un taux technique de revalorisation de la rente avantageux. Si vous êtes intéressé par une sortie en rente, notamment parce que vous êtes persuadé que vous allez vivre jusqu'à 122 ans, comme Jeanne Calment, conserver son Madelin peut donc avoir du sens.

— Vous avez un Perco ou un article 83 dans une ancienne entreprise. Si vous bénéficiez d'un Pere (PER entreprise) ouvert dans le cadre de votre entreprise actuelle, vous pouvez demander à transférer ses anciens plans sur ce PER. Toutefois, les sommes provenant de l'article 83 seront placées sur le compartiment « catégoriel » du Pere, et seront disponibles à la retraite uniquement sous forme de rente.

— Vous avez un Perco dans votre entreprise actuelle : vous pouvez demander à transférer l'épargne sur un PER individuel. En revanche le Perco reste ouvert dans votre entreprise et continue à être alimenté. Vous pourrez faire de nouvelles demandes de transfert par la suite, dans la limite d'un transfert tous les trois ans. Même avec cette contrainte, il est préférable d'opter pour un transfert vers un PER que vous avez souscrit vous-même, car vous pouvez sélectionner librement parmi les meilleurs PER du marché, avec une offre de supports d'investissement riche, un fonds en euros plus performant que la moyenne et des frais au plus bas.

À retenir : sauf cas particuliers mentionnés, vos anciens dispositifs d'épargne ne sont plus efficaces. Pour plus de clarté, et pour une meilleure performance, transférez-les vers un PER, en limitant les frais.

Les autres placements utiles pour la retraite

Le PER, comme les anciens dispositifs, est un produit dédié à la construction d'une épargne retraite, et rien d'autre. L'épargne est d'ailleurs bloquée, sauf cas exceptionnel, jusqu'à la retraite, en contrepartie d'avantages fiscaux.

Mais l'univers des placements en France est très riche et il existe d'autres enveloppes, qui, si elles ne sont pas dédiées à la construction d'une épargne retraite, sont tout à fait adaptées à une épargne de long terme, donc peuvent être utilisées pour la retraite. Comme ils ne sont pas bloqués, ces placements peuvent être ouverts pour d'autres projets, acquisition immobilière ou études des enfants par exemple, mais ils peuvent aussi être dédiés à une épargne de précaution, ou à la construction d'une épargne de long terme. Cette épargne sera bien entendu bienvenue pour la retraite, quelle que soit l'enveloppe…

Les livrets pour l'épargne de précaution

Bien avant de vous lancer dans la construction d'une épargne retraite, vous devez vous construire une épargne de précaution. Cette épargne, quelques mois de salaire, permettra de faire face à des coups durs et des besoins de liquidités rapides. C'est un matelas de précaution, qui vous permet de mieux dormir la nuit et de faire face à tous les imprévus.

C'est une étape indispensable pour pouvoir envisager ensuite des investissements de long terme.

Elle vous permettra, une fois constituée, de bénéficier d'une plus grande marge de manœuvre sur votre capacité d'épargne : investissement à crédit, placements bloqués sur plusieurs années, placements à risque, etc. Vous pourrez investir dans des placements plus performants, moins liquides et/ou plus risqués, car vous savez qu'en cas de problème, vous bénéficiez de cette épargne de précaution.

À combien évaluer cette épargne de précaution ? Cela dépend de chaque profil, et notamment si vous êtes particulièrement dépensier ou si vous êtes tellement risquophobe que vous ne pouvez pas vous permettre de bloquer une épargne plus d'un jour. Établissez d'abord votre budget et regardez ce qu'il vous reste à la fin du mois. Plus ce montant est élevé, moins vous avez besoin d'une épargne de précaution.

Si personne n'a jamais livré de règles pour définir le montant à y consacrer, nous vous conseillons d'y stocker entre trois et six mois de salaire, un peu plus si vous êtes très risquophobe, un peu moins si vous avez de très hauts revenus et un budget largement équilibré.

Le placement phare de l'épargne de précaution est le livret A. Chaque mois, ce sont en effet des milliards d'euros qui sont placés sur ce livret. Il faut dire qu'il cumule les atouts :

— une disponibilité parfaite, quasi immédiate (surtout si vous avez votre livret et votre compte courant dans la même banque), alors que sur d'autres placements comme l'assurance-vie, il faut attendre généralement quelques jours pour voir les fonds sur votre compte ;

— aucun impôt ni prélèvement social, aucun frais d'entrée ou de gestion ;

— un rendement plutôt attractif : pendant de longues années, le taux du livret A végétait en dessous de 1 %. Mais avec la hausse des taux, il est remonté à 3 % en 2023. 3 % sans risque et avec une parfaite liquidité, difficile de faire mieux pour une épargne de précaution, par définition sécurisée.

Finalement, le seul défaut du livret A est son plafond : depuis le 1er janvier 2013, l'État a fixé le plafond des dépôts à 22 950 euros. Et il n'est pas possible de détenir plusieurs livrets A. Il s'agit bien d'un plafond de *dépôts*. Une fois qu'il est atteint, l'épargnant ne peut plus faire de versement sur son livret, mais les intérêts générés continuent d'augmenter le capital, qui dépasse alors le plafond légal.

Vous cherchez une alternative à votre livret A rempli au plafond ? Le livret de développement durable et solidaire (LDDS) est un produit d'épargne calqué sur le livret A. Même fonctionnement, même rémunération, mais un plafond de versement plus faible (12 000 euros). L'ancêtre du LDDS, le Codevi (compte pour le développement industriel), a été créé en 1983 pour « drainer » l'épargne des Français vers l'industrie. Au fil des années, son champ d'action a évolué, et depuis 2016, les fonds collectés sont destinés au financement des travaux d'économie d'énergie dans les bâtiments anciens (d'où le nom de « livret de développement durable et solidaire »).

Le livret d'épargne populaire (LEP) est une sorte de livret A « boosté ». Son fonctionnement est en effet calqué sur celui du livret A, mais son rendement est supérieur. Sa limite ? Il est réservé aux personnes aux revenus modestes, avec un plafond de dépôt réduit (7 700 euros). Pour ouvrir un compte sur LEP en 2023, le revenu de l'année 2021 de votre foyer fiscal (figurant sur l'avis d'imposition de 2022) ne devait pas dépasser 21 393 euros pour une part, puis 5 713 euros par demi-part supplémentaire. Le taux du LEP ne peut pas être inférieur à la moyenne sur six mois de l'inflation annuelle hors tabac, afin de protéger l'épargne populaire contre les effets de la hausse des prix. Si les circonstances le justifient, le taux du LEP peut donc évoluer indépendamment de celui du livret A et l'écart entre les deux, dépasser les 0,50 % (comme depuis le 1er février 2022). Ainsi, depuis le 1er février 2023, lorsque la rémunération du livret A a été relevée à 3 %, celle du LEP l'a été à 6 %.

Avec les livrets d'épargne dits « réglementés » (dont le rendement, exonéré d'impôt, est déterminé par l'État), les particuliers ont suffisamment de placements pour une épargne de précaution. Mais ceux qui veulent aller encore plus loin peuvent alors se tourner vers l'épargne dite non réglementée. Il s'agit de livrets bancaires ou de comptes à terme qui peuvent offrir des taux attractifs, même s'ils subissent la *flat tax* de 30 % ou l'impôt sur le revenu au barème progressif.

Les « super-livrets » sont des livrets à taux boostés proposant des taux attractifs mais qui ne sont valables que sur une période donnée, généralement de quelques mois. Passé les premiers mois, le taux d'intérêt proposé par la suite redescend plus bas. À moins de jongler avec les promotions, il est difficile d'avoir un rendement satisfaisant sur plus de neuf mois.

Le rendement d'un compte à terme est en théorie plus attractif, car contrairement aux livrets, les sommes déposées sont bloquées sur une certaine durée, fixée à la signature du contrat. La rémunération d'un compte à terme n'est pas fixée par la loi. Elle fait l'objet d'une négociation entre le banquier et le client. Plus la durée de blocage est longue, plus les sommes placées sont importantes, plus le taux peut être élevé. En négociant avec sa banque, celle-ci pourra vous accorder un taux de 4 %, voire plus, sur 12 à 24 mois, surtout si elle vous considère comme un bon client qu'elle veut garder…

À retenir : pour votre épargne de précaution, placez quelques milliers d'euros sur le livret A. Celui-ci est plafonné à 22 950 euros, ce qui devrait largement suffire pour ce type d'épargne. Sauf si vous êtes très dépensier, très stressé par le fait de manquer d'argent liquide, ou que vous ne souhaitez surtout pas prendre de risques avec votre capital en plaçant dans des produits plus dynamiques. Dans ce cas, n'hésitez pas à verser plus de 10 000 euros sur votre livret A, voire à le mettre au plafond de 22 950 euros, d'autant plus qu'en ce moment il rapporte bien. Et si vous voulez aller encore plus loin, placez dans les autres livrets réglementés, voire des super-livrets, en jonglant avec les promotions.

L'assurance-vie pour l'épargne de long terme

Placement préféré des Français, l'assurance-vie peut répondre à tous les objectifs, notamment à long terme, puisque la fiscalité est très avantageuse au bout de huit ans : faire fructifier un capital, financer les études des enfants, préparer une acquisition immobilière, et bien sûr, préparer sa retraite.

L'intérêt de l'assurance-vie ? Sa grande souplesse, notamment pour les retraits. Contrairement à une idée reçue, l'assurance-vie n'est en effet pas bloquée. L'épargnant peut effectuer des rachats partiels à tout moment. L'enveloppe permet donc d'épargner en vue de sa retraite, tout en gardant la possibilité de piocher dans le capital disponible en cas de besoin.

C'est un vrai couteau suisse patrimonial permettant de mettre de côté, à son rythme, *via* des versements programmés ou ponctuels, avec la possibilité de retirer à tout moment. Il est adapté à tous les budgets. En toute souplesse, et pour quelques dizaines ou centaines d'euros chaque mois, vous pouvez vous constituer progressivement un capital. Libre à vous d'augmenter le montant des versements par la suite.

Le contrat d'assurance-vie que vous ouvrez à 30, 40 ou 50 ans peut vous accompagner dans tous vos projets, tout au long de votre vie patrimoniale : épargne de long terme d'abord, apport pour investissement immobilier ensuite et, enfin, complément de retraite.

Au niveau de la performance, celle-ci dépend de vos choix de supports à l'intérieur du contrat. Car l'assurance-vie permet d'investir sur à peu près tout, ou presque : des produits garantis ou très sûrs, comme le fonds en euros ou des fonds monétaires ou obligataires, mais aussi des placements risqués (et potentiellement performants), comme des actions (françaises et européennes, mais aussi internationales), sans oublier la possibilité d'investir en immobilier *via* des placements pierre-papier (SCPI, SCI, etc.).

Comme pour le PER, l'épargnant peut définir lui-même son allocation d'actifs, ou sélectionner une des allocations clé en main proposées par le gestionnaire, assureur ou distributeur, de son contrat, selon différents profils types (prudent, équilibré, dynamique, etc.). Il est également libre de modifier son allocation dans le temps, selon l'environnement économique ou l'évolution de son profil, mais il peut aussi sélectionner une gestion déléguée pour laquelle un gérant définit les évolutions à apporter selon le profil. Plus l'épargnant prend des risques dans ses investissements, par exemple en privilégiant l'investissement en actions ou en immobilier aux dépens du fonds en euros sans risque, plus il peut espérer une performance attractive sur le long terme. Les actions, l'immobilier ou encore le *private equity* ont historiquement offert des rendements bien supérieurs aux placements sans risque. Mais prendre des risques signifie aussi accepter de subir une perte de son capital.

Les performances passées ne sont pas une garantie de performances futures. Ceux qui ne veulent pas prendre de risques doivent se contenter d'investir dans des placements garantis. Heureusement, leur taux a augmenté ces derniers mois. Le plus important pour l'épargnant est donc de bien déterminer son profil, en fonction des performances qu'il espère, mais aussi et surtout des risques qu'il est prêt à prendre.

Au niveau de la fiscalité, celle-ci est plutôt attractive, surtout quand on a un horizon de placement de long terme. Tout d'abord, les gains réalisés sur les contrats d'assurance-vie ne sont soumis à l'impôt sur le revenu et aux prélèvements sociaux qu'au moment des rachats (sauf pour les fonds en euros sur lesquels les prélèvements sociaux sont appliqués sur les intérêts à la source). Tant que vous ne faites pas de rachat, vous n'avez pas d'impôt à payer.

Ensuite, lorsque vous faites un rachat partiel d'un contrat, seule la partie « gains » de ce rachat est imposée, dans le cadre de l'impôt sur le revenu, soit au barème de l'impôt sur le revenu, soit à un prélèvement forfaitaire. Le solde, qui correspond au reste du capital que vous avez versé, est exonéré d'impôt. Enfin, lorsque le contrat a plus de huit ans, l'assuré bénéficie d'un abattement applicable sur les gains, issus des rachats des contrats d'assurance-vie effectués sur une année. L'abattement s'élève à 4 600 euros pour un contribuable célibataire, veuf ou divorcé, et 9 200 euros pour les contribuables soumis à une imposition commune. Cet abattement ne s'applique pas pour les prélèvements sociaux.

Enfin, et comme pour le PER, l'épargnant doit être vigilant lorsqu'il sélectionne son contrat d'assurance-vie. Il doit en effet privilégier les contrats sans frais d'entrée, avec des frais de gestion bas, un grand nombre de supports diversifiés, des options de gestion et l'accompagnement d'un conseiller. Ces contrats existent. Pour les trouver, faites le tour des comparateurs en ligne ou des palmarès publiés chaque année par la presse indépendante (*Mieux vivre votre argent*, *Le Particulier*, etc.)

À retenir : l'assurance-vie est le produit de base d'une épargne de long terme. Elle vous accompagnera dans toutes les étapes de votre vie patrimoniale et servira bien chaque objectif, jusqu'à la retraite et même après, pour la transmission. Avoir un contrat d'assurance vie, quel que soit votre âge, est donc indispensable, à condition bien sûr d'avoir sélectionné un contrat à frais réduits offrant une grande diversité dans les choix de placements.

Placements obligatoires : le retour de l'alternative

Nous avons vécu en 2023 une renaissance dans l'univers de la gestion d'actifs, le retour d'une classe d'actifs qui avait totalement disparu du portefeuille des investisseurs depuis plus d'une décennie. Pour ceux qui ont connu le monde d'avant 2011, d'avant la crise des dettes européennes, et surtout d'avant les injections illimitées de liquidités des banques centrales, vous vous souvenez peut-être de la règle des 60/40, utilisée par la grande majorité des allocateurs d'actifs. Elle consistait à investir entre 40 et 60 %, selon le profil de l'investisseur, en actions, et le reste en obligations, des produits qui offrent un rendement fixe et un remboursement du capital à l'échéance. Avec une idée simple : en cas de baisse de la partie actions, la perte allait être compensée par les performances de la poche obligataire. Mais cette règle a cessé de fonctionner avec les taux négatifs. Non seulement les obligations ne rapportaient plus rien, mais les investisseurs craignaient surtout qu'en cas de hausse de taux, le cours des obligations baisse, selon une autre règle bien connue des investisseurs. C'est ce qu'il s'est passé en 2022. Avec l'inflation, les taux d'intérêt se sont envolés, provoquant un réajustement du prix des obligations, et des baisses comprises entre 10 et 50 % selon les émetteurs et les maturités. Ce krach obligataire sonne-t-il définitivement le glas de la classe d'actifs ? Au contraire. Désormais, avec la hausse des taux, les rendements redeviennent attractifs. On peut aujourd'hui prêter à l'Allemagne avec un rendement de plus de 2 %. Et près de 5 % pour les États-Unis, ainsi que pour des entreprises réputées très sûres ; 2 % ou même 4 %, ce n'est pas encore la panacée, mais c'est une vraie alternative.

Investir en direct dans des obligations est toutefois compliqué pour le particulier. Les tickets d'entrée sont notamment élevés : autour de 100 000 euros par obligation. Mais le particulier peut acheter des fonds d'investissement (OPCVM ou trackers) qui investissent eux-mêmes dans un panier d'obligations. Pour quelques centaines d'euros, on peut ainsi accéder à des fonds d'investissement dits « datés », qui proposent un portefeuille d'obligations toutes avec la même échéance, très pratique pour fixer l'horizon auquel récupérer son capital. L'échéance est d'ailleurs généralement indiquée dans leur nom (ex. : Meilleurtaux Horizon 2028). Ils offrent aussi une grande diversification, avec plusieurs dizaines d'émetteurs, ce qui permet de mutualiser le risque de défaillance. Actuellement, ce type de fonds propose des rendements entre 4 et 7 %, selon la solidité des émetteurs sélectionnés.

L'investissement obligataire, *via* notamment des organismes de placement collectif de valeurs mobilières (OPCVM) ou des trackers, doit donc retrouver une place dans le portefeuille des investisseurs. Il n'est pas sans risque à court terme puisque de nouvelles hausses de taux pourraient faire baisser encore le prix des obligations. Mais il offre de vrais rendements, ainsi qu'un espoir de plus-value à long terme, au cas où les taux repartiraient à la baisse.

La Bourse peut-elle sauver votre retraite ?

Après un rapide calcul de vos besoins à la retraite, de votre pension et des futurs revenus de votre épargne financière et immobilière, vous vous rendez peut-être compte que la rentabilité actuelle de vos placements ne suffira pas à sauver votre retraite. Qu'il faudrait pour cela trouver un placement qui vous permettrait d'espérer au minimum 5 % de rentabilité annuelle pendant les 10 ou 20 dernières années qu'il vous reste à tirer avant la retraite.

Vous n'avez pas beaucoup de choix. Pour obtenir une telle rentabilité, vous allez devoir investir en actions et accepter un risque de perte en capital. L'autre choix, si vous avez un profil prudent, est de ne prendre aucun risque et d'accepter une retraite moins dorée, mais plus sûre…

Plusieurs types d'investissement boursier s'offrent à vous.

Si vous êtes un investisseur plutôt pragmatique et que vous n'avez pas vraiment le temps ni l'envie de gérer un portefeuille boursier, vous allez plutôt vous tourner vers les OPCVM ou les ETF. Dans le cas des OPCVM, ce sont des gérants professionnels qui vont s'occuper de la gestion de vos portefeuilles boursiers. Vous trouverez des OPCVM de qualité investis sur des actions françaises, européennes, internationales, ou dédiés à certains pays ou certaines zones, ou même secteurs.

L'ETF, lui, est un fonds coté en Bourse qui suit strictement un indice de référence (le CAC 40, le Nasdaq, un indice sectoriel ou thématique, etc.). Vous n'avez qu'à déterminer les zones géographiques et les secteurs que vous voulez privilégier, mais vous pouvez vous faire accompagner dans ces choix par votre conseiller, en regardant les différents profils proposés par l'intermédiaire financier, ou même avec l'aide d'un *robot advisor*.

L'enveloppe financière à privilégier pour investir en OPCVM est l'assurance-vie (ou le PER). Elle est en effet bien plus avantageuse que le compte titres pour un investissement de long terme, et par rapport au plan d'épargne en actions (PEA), elle donne accès à plus de zones géographiques (actions américaines, actions de marchés émergents, etc.).

Le PEA, quant à lui, est l'outil idéal pour qui veut se construire un portefeuille d'actions françaises. Mais la sélection et la gestion d'un portefeuille de valeurs ne sont pas adaptées à n'importe qui. Il faut avoir du temps pour s'en occuper, l'envie d'y consacrer ce temps, et certaines connaissances pour bien sélectionner les titres et éviter les erreurs de débutant. Il faut donc être intéressé par la Bourse et les entreprises.

Par rapport à un OPCVM, vous limitez les frais, mais surtout, vous investissez dans ce que vous voulez. Vous n'aurez peut-être pas la même performance qu'un gérant de fonds (quoique, avec du temps et de l'expérience, ce n'est pas certain), mais vous pourrez investir selon vos convictions.

Vous ne voulez pas prendre trop de risques à l'approche de votre retraite ? Privilégiez les valeurs *value* (décotées) et défensives (grandes capitalisations qui génèrent des résultats récurrents).

Vous cherchez au contraire des investissements à fort potentiel ? Orientez-vous vers les petites capitalisations et les secteurs en forte croissance. Vous êtes proche de la retraite et souhaitez privilégier les investissements qui distribuent des rendements ? Construisez-vous un portefeuille de « valeurs de rendement », à fort dividende pour les actionnaires.

Le PEA est une enveloppe fiscale permettant d'acheter des actions françaises et européennes. Il s'agit d'un produit d'épargne réglementée, qui permet à son détenteur d'acheter des actions éligibles et de bénéficier d'une exonération d'impôt (mais pas de prélèvements sociaux) sur les gains retirés au moment du ou des retraits, à condition de conserver son plan cinq ans.

Dans un PEA, il n'y a aucun impôt à payer tant qu'il n'y a pas de retrait.

Lorsque le plan est conservé pendant au moins cinq ans, les gains sont exonérés d'impôt sur le revenu. Ils subissent néanmoins les prélèvements sociaux (17,2 %) au moment de leur retrait. En cas de rachat total après cinq ans, le gain (capital final – versements) est soumis aux prélèvements sociaux. En cas de retrait partiel (possible à partir du cinquième anniversaire du plan), seule la part de gain comprise dans le retrait (calculée au prorata) est soumise aux prélèvements sociaux.

En cas de retrait avant cinq ans, le plan est clôturé automatiquement, et le gain (ou la perte) réalisé dans le PEA depuis son ouverture est à déclarer à l'impôt sur le revenu l'année suivant la clôture du plan. Ce gain (ou cette perte) s'ajoute à la plus ou moins-value globale annuelle (en additionnant ses gains et pertes de l'année sur l'ensemble des valeurs mobilières), qui subira la *flat tax* de 30 % (ou le barème de l'IR, si le contribuable opte pour ce choix). Ainsi, la perte réalisée sur un PEA de moins de cinq ans peut se déduire des gains réalisés sur un compte titres, et inversement. En cas de perte sur un PEA de plus de cinq ans, la moins-value peut également se déduire des plus-values sur les comptes titres, mais seulement à la condition que le détenteur du PEA clôture son plan.

Le plan est néanmoins assez contraignant :

— seules les actions de sociétés ayant leur siège social en France ou dans un État de l'espace économique européen sont éligibles. Il faut en outre qu'elles soient soumises à l'impôt sur les sociétés (ce qui exclut les sociétés « foncières ») ;

— les versements sur un PEA sont limités à 150 000 euros. Il existe également un PEA PME permettant d'investir 75 000 euros de plus sur des PME (petites et moyennes entreprises) et des ETI (entreprises de taille intermédiaire).

Pour investir au-delà de ce plafond, ou sur des entreprises non éligibles, l'épargnant doit ouvrir un compte titres. Ce type de compte n'a quasiment aucune contrainte, mais n'offre aucun avantage fiscal.

La plupart des réseaux bancaires (BNP, Société générale, etc.) et des banques en ligne (Hello Bank !, Fortuneo, Boursorama...) proposent des PEA et des comptes titres à leurs clients. Il existe également des acteurs appelés « courtiers en ligne » (Bourse Direct, Saxo Banque, Degiro...), qui ne sont pas à proprement parler des banques. Ils ne proposent pas de comptes courants et autres services ou produits bancaires. Leur seule activité est l'activité de passage d'ordres et de gestion de comptes de Bourse.

Quant aux frais, l'investisseur payera des frais de courtage sur chaque transaction (achat et vente) et éventuellement des droits de garde (mais de nombreux courtiers, notamment en ligne, n'en facturent pas).

À retenir : l'investissement en actions est indispensable pour ceux qui recherchent des rendements attractifs pour leur épargne, et sont prêts à prendre des risques au moins sur une partie de celle-ci. Mais on ne s'invente pas *trader* ni même boursicoteur du jour au lendemain. Et gérer un portefeuille d'actions dans un PEA ou un compte titres demande du temps, une certaine expérience et un intérêt pour les entreprises et même la macroéconomie. Pour ceux que ça n'intéresse pas, vous pouvez investir dans des OPCVM d'actions *via* un contrat d'assurance-vie, en sélectionnant notamment une gestion déléguée pour laquelle vous n'aurez rien à faire.

Gestion déléguée, profilée, pilotée, etc.

La gestion déléguée est un mode de gestion dans lequel l'investisseur confie la gestion de ses placements à son intermédiaire financier (banque ou assurance), à une société de gestion ou à son conseiller en gestion de patrimoine. On distingue trois types de gestion déléguée.

— La **gestion « profilée »** : le gérant se charge de déterminer une allocation type suivant le profil de l'investisseur. Cette allocation se repose le plus souvent sur plusieurs OPCVM (généralement entre 5 et 8) qui couvrent les principaux secteurs d'activité, thématiques et zones géographiques. Cette répartition se fait selon des profils d'investissement établis : du plus prudent au plus offensif.

— La **gestion « pilotée »** : comme pour la gestion profilée, la gestion pilotée prend en compte le profil type de l'investisseur (prudent, équilibré, dynamique, etc.) pour investir dans une allocation d'OPCVM (généralement entre 8 et 15). Mais à la différence de la gestion profilée, la gestion pilotée se veut plus active. Elle se fait grâce à un mandat d'arbitrage qui donne au gérant le pouvoir de faire des modifications dans l'allocation de fonds, en fonction de ses anticipations, pour profiter des tendances des différents marchés, battre les indices et les gestions passives.

— La **gestion « sous mandat »** : il s'agit dans ce cas d'une gestion « sur mesure ». L'allocation ne sera pas déterminée selon un profil type, mais en fonction du profil particulier du client : son horizon d'investissement, sa tolérance au risque, ses objectifs, etc. Ce type de gestion constitue l'un des modes privilégiés par les banques privées. Elles fixent avec leurs clients un cadre contractuel (le « mandat de gestion »), qui permet au client de déléguer la gestion de son compte boursier au banquier ou à une société de gestion partenaire. Le mandat fixe le profil de risque, la flexibilité accordée au gérant (le montant minimal et maximal qu'il peut investir sur chaque actif) et le type d'instruments qu'il peut utiliser. Dans la plupart des cas, le mandat sera soit pour une gestion principalement en actions (avec éventuellement des obligations et des produits dérivés), soit une gestion principalement en OPCVM.

L'immobilier locatif

Faut-il investir dans l'immobilier ?

L'immobilier représente environ 60 % du patrimoine des ménages français – 60 % d'un total de 15 000 milliards d'euros de patrimoine. Un patrimoine qui a doublé, selon la Banque de France, sur les vingt dernières années principalement… grâce à la progression des prix de l'immobilier. Les prix de l'immobilier ont profité pendant cette période de trois tendances lourdes :

— la baisse, jusqu'en 2022, des taux de crédit, qui a incité les particuliers à emprunter pour acheter un bien immobilier ;

— les faibles rendements des placements peu risqués (fonds euros, livrets, obligations, etc.), qui mettent en valeur les rendements attractifs de l'immobilier ;

— les crises (2000, 2008, 2011, 2020), qui poussent les investisseurs à se détourner des marchés financiers et à investir en immobilier, considéré comme une valeur refuge.

Selon le site MeilleursAgents, en 2023, la rentabilité locative moyenne d'un appartement se situait à 3,6 % à Paris, 4,05 % à Lyon, 4,30 % à Nantes et 5 % à Marseille. Elle était à 4,15 % dans les Alpes-Maritimes, 5 % dans les Bouches-du-Rhône, 6 % dans le Nord et 9 % dans l'Yonne.

L'immobilier offre ainsi un couple rendement/risque parfait : un actif très solide et un rendement attractif.

Bien plus rentable que les placements monétaires, bien moins risqué que les placements en actions.

Mais contrairement à un placement financier, beaucoup de coûts doivent être déduits avant d'arriver à un rendement net de frais. Si elle permet de limiter les frais, la gestion locative demande beaucoup de temps et n'est pas sans coût (déplacement, recherche, etc.). Dans le cas d'une mise en gestion du bien (notaire, agent immobilier…), il faut compter autour de 10 % HT des sommes encaissées sur l'année.

Pour le fonctionnement du logement, une partie des charges est payée par le locataire (l'eau, le chauffage, et éventuellement les petites réparations), mais le propriétaire conserve tout le reste à sa charge. Un chauffe-eau qui tombe en panne et qu'il faut remplacer peut faire perdre un mois de loyer. Les travaux sur la toiture ou encore le ravalement des murs sont également très coûteux.

Par ailleurs, le propriétaire n'est pas toujours assuré de trouver un locataire. La recherche peut prendre du temps et faire donc perdre plusieurs mois de loyer.

Enfin, le risque d'impayés est l'un des principaux problèmes rencontrés par les propriétaires-bailleurs. La procédure qu'il faut mettre en place lorsque le locataire ne paye pas son loyer ou ses charges est longue et peut être coûteuse (en plus de la perte de loyer qu'elle occasionne).

Tous ces coûts font qu'il faut généralement diviser par deux le rapport locatif pour obtenir le rendement net de frais d'un bien immobilier.

Quant aux prix, l'investissement immobilier n'est pas sans risque. On a eu tendance à l'oublier pendant ces vingt dernières années où les prix augmentaient quasiment annuellement, même (et surtout) pendant les crises. Si bien que pour de nombreux investisseurs qui n'avaient jamais connu autre chose, « l'immobilier ne pouvait que monter ». Mais l'année 2023 est venue rappeler à tout le monde que l'immobilier pouvait baisser. Après des années de hausses de prix, parfois exagérée dans certaines villes, dues principalement aux taux bas, la situation s'est fortement tendue sur le marché immobilier en 2023. Les prix ont commencé à baisser, de plus de 10 % dans certaines villes. Encore plus embêtant, certains vendeurs ne trouvent pas d'acheteur à un prix correct, et se retrouvent donc bloqués sans pouvoir vendre pendant des mois.

La situation va probablement se normaliser dans les prochains mois. Les taux d'intérêt vont sans doute se stabiliser et les investisseurs, à nouveau emprunter, certes à des taux plus élevés, mais qui resteront attractifs au vu de la rentabilité espérée d'un investissement immobilier sur dix ou vingt ans.

L'investissement immobilier a été la base de la construction patrimoniale des Français pendant des dizaines d'années. Ce placement n'est pas devenu mauvais en quelques mois. Mais l'année 2023 a rappelé que cela restait un placement de long terme, et qui comportait des risques.

L'immobilier est donc un placement lourd, fortement imposé et qui génère beaucoup de frais. Sa rentabilité n'est pas toujours avérée. Quant aux prix, difficile de parier aujourd'hui sur une hausse du marché français.

Mais il y a un autre levier de performance qui, lui, est bien plus certain : l'immobilier est le seul placement que vous pouvez faire à crédit. Et ce crédit vous procure un effet de levier qui va grandement contribuer à la performance de votre investissement.

Verser régulièrement quelques centaines d'euros dans une enveloppe financière pour la retraite, c'est bien. Utiliser sa capacité d'épargne pour réaliser une acquisition immobilière à crédit, c'est souvent mieux. Plutôt que verser 400 euros dans une assurance-vie, empruntez pour réaliser un investissement immobilier et utilisez ces 400 euros pour rembourser le crédit.

L'intérêt ? Vos 400 euros ne seront pas les seuls à rembourser le crédit. Car le crédit vous permet d'obtenir dès la première année un capital placé d'environ 100 000 euros, qui vous procurera immédiatement des loyers (entre 200 euros et 400 euros selon le projet) lesquels serviront aussi à rembourser le crédit.

Avec 400 euros par mois, vous pourrez donc rembourser entre 600 et 800 euros de mensualités. Mécaniquement, vous épargnez donc entre 1,5 et 2 fois plus que pour un placement financier sans crédit. C'est exactement cela qu'on appelle le « levier du crédit ».

À retenir : l'immobilier est un placement quasiment incontournable de la construction patrimoniale. Son rendement, sa solidité réputée, notamment par son côté « actif réel », et aussi la possibilité d'investir à crédit, avec des taux qui ont été bas pendant très longtemps, font que les investisseurs se sont rués sur cet investissement, créant une sorte de bulle avec des prix qui se sont envolés. Avec la hausse des taux en 2023, la situation s'est tendue. Mais l'immobilier n'est pas devenu du jour au lendemain un mauvais placement. Avec un horizon long terme, il a toute sa place dans la préparation de la retraite, notamment grâce aux rendements qu'il peut procurer, à condition bien sûr de choisir le bon placement immobilier, adapté à votre situation.

Acheter un bien nu ou meublé ?

Une location « vide » ou « nue », c'est tout simplement un logement qui ne comporte aucun meuble. Il est loué tel quel. Inversement, la location meublée implique de se conformer à un cahier des charges minimal en matière d'équipement. Il doit être doté au minimum des éléments suivants : un réfrigérateur, un four, des ustensiles de cuisine, etc. En cas de conflit, si le juge considère que le logement ne répond pas aux critères d'un meublé, il peut requalifier le bail en location vide, soumis à ce titre à la réglementation applicable. Il faudra également entretenir cet équipement. Et cela a un coût.

Le bail d'une location meublée se signe pour une durée minimale d'un an, pouvant être ramenée à neuf mois si le locataire est étudiant. L'inconvénient de cette option est un risque de vacance locative plus élevé, du fait d'une durée de bail plus réduite qu'en location vide.

Louer en meublé est donc plus contraignant et plus coûteux, puisque le propriétaire doit acquérir des meubles pour son bien. Cependant, à surface comparable, les biens meublés se louent généralement un peu plus cher que les biens nus.

La fiscalité est très différente selon le type de location choisi : la location vide est soumise au régime des revenus fonciers, tandis que la location en meublé est considérée comme une activité commerciale et répond au régime des BIC (bénéfices industriels et commerciaux). Le bailleur a alors le statut de LMNP (loueur en meublé non professionnel).

Dans les deux cas, le propriétaire bailleur sera soumis au barème de l'impôt sur le revenu et donc à son taux marginal d'imposition (11 %, 30 %, 41 % ou 45 %).

Les bailleurs dont les revenus ne dépassent pas un certain montant et qui veulent se simplifier les démarches administratives peuvent bénéficier du régime « micro » (micro-foncier ou micro-BIC). Ce régime permet de ne pas prendre en compte les charges réelles du bien, mais d'appliquer à la place un abattement censé les représenter. La déclaration est ainsi simplifiée, puisqu'il suffit de déclarer les revenus perçus et de bénéficier de l'abattement.

Mais l'abattement est nettement plus intéressant en location meublée : il est de 50 % en micro-BIC, contre 30 % en micro-foncier. Les seuils sont aussi plus intéressants en meublé : il est possible de bénéficier du régime micro-BIC jusqu'à 70 000 euros de revenus locatifs, contre 15 000 euros en location nue. À noter que dans les deux cas, le propriétaire peut toujours choisir le régime réel (et il a intérêt à le faire si les charges déductibles sont supérieures à l'abattement forfaitaire). Cette option est irrévocable pendant trois ans pour le micro-foncier, deux ans pour le micro-BIC (encore un avantage du meublé) et renouvelable tacitement chaque année.

Comparatif fiscalité nu/meublé

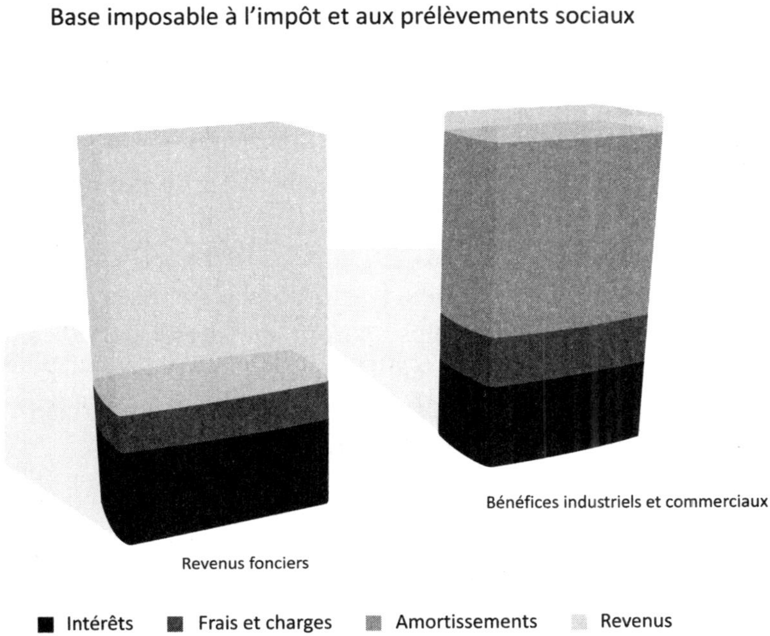

(Source : placement.meilleurtaux.com)

Si le régime micro est plus souple et plus simple pour la déclaration, le régime réel est généralement beaucoup plus avantageux. En nu, car l'abattement de 30 % du micro-foncier est relativement faible et peu représentatif des charges réelles supportées. Mais il est surtout intéressant en meublé, car le montant des charges que vous pouvez déduire en réel dans la location meublée est très important ! Concrètement, cela signifie que l'on peut déduire des loyers encaissés la plupart des charges acquittées (ex. les coûts d'acquisition d'immeuble et les frais de comptabilité). Et surtout, on peut amortir à la fois les meubles et les immeubles, lorsqu'on est soumis au régime réel des BIC. Cet amortissement constaté est censé matérialiser la dépréciation des biens dans le temps. Or, il correspond de fait à une charge non décaissée. Et cela change tout, comme l'illustre le schéma précédant pour un même loyer perçu.

À retenir : les propriétaires fortement imposés (dans la tranche à 30 % ou plus) auront un intérêt certain à privilégier la location meublée, tandis que les propriétaires pas ou peu imposés auront plus intérêt à chercher le bien avec la plus forte rentabilité locative.

L'immobilier défiscalisant

Les Français ont plusieurs obsessions pour leur patrimoine : la sécurité, le rendement, l'immobilier, la retraite (et donc l'immobilier pour la retraite) et les impôts. C'est donc tout naturellement qu'ils sont attirés par les dispositifs d'investissement immobilier qui offrent aux propriétaires-bailleurs une réduction d'impôt. On compte environ 150 000 transactions immobilières par an destinées à la défiscalisation. Et près de 20 % des bailleurs bénéficient d'un dispositif fiscal.

La défiscalisation immobilière est l'ensemble des dispositifs définis par l'État qui permettent à un particulier d'acheter un bien immobilier, et sous certaines conditions (mise en location, travaux, etc.), de bénéficier d'une réduction d'impôt sur le revenu.

Il existe plusieurs lois permettant aux propriétaires de bénéficier d'avantages fiscaux, sous certaines conditions.

La loi Pinel

Le dispositif Pinel a été mis en place en septembre 2014. Il a pour but de soutenir le secteur de l'immobilier locatif neuf, en incitant le contribuable à investir en échange d'une réduction d'impôt. En contrepartie, le propriétaire s'engage à louer son bien nu pendant une durée minimum de 6 ans, reconductible deux fois 3 ans, tout en respectant un plafond de loyer et de ressources vis-à-vis de son locataire. Point intéressant : le Pinel autorise à louer le logement à son ascendant ou son descendant, dans un foyer fiscal séparé et satisfaisant aux conditions de ressources définies par le dispositif. La réduction d'impôt accordée est égale à 2 % (du montant de l'acquisition) par an pour une durée de 6 ans ou 9 ans. Soit une réduction totale de 12 % ou 18 %. L'investisseur peut également choisir de proroger son engagement initial, à 12 ans, pour une réduction finale de 21 % (soit 1 % supplémentaire par an).

La loi Denormandie

Au sein du dispositif Pinel, la loi de finances pour 2019 a créé un nouveau volet de défiscalisation, dit dispositif Denormandie, dont l'objet est la rénovation et la réhabilitation de logements anciens en centre-ville. Tout comme le Pinel dans le neuf, l'investisseur doit respecter certaines conditions (plafond de loyer et de ressources du locataire, durée d'engagement, zone géographique, etc.), mais l'investissement porte sur l'acquisition d'un bien ancien, assorti de travaux devant représenter au moins 25 % du montant de l'investissement global. La réduction accordée est la même que pour le Pinel.

La loi Pinel outre-mer

Le dispositif Pinel outre-mer a pris le relais de la loi Girardin dans les DROM et les COM en 2018. Sont concernées les acquisitions de logements neufs situés en Guadeloupe, Guyane, Martinique, à La Réunion, Mayotte, Saint-Barthélemy, Saint-Martin, Saint-Pierre-et-Miquelon, en Nouvelle-Calédonie, Polynésie française et dans les îles Wallis-et-Futuna. Comme pour la métropole, l'investisseur s'engage à louer le bien sur une durée de 6 à 12 ans en respectant des plafonds de loyer et de ressources. Mais l'avantage fiscal est plus élevé que pour le « Pinel classique » : 23 % sur 6 ans (soit 3,83 % par an), 29 % sur 9 ans (soit 2 % supplémentaires par an) et 32 % sur 12 ans (soit 1 % supplémentaire par an).

La loi Monuments historiques

Cette loi s'adresse aux contribuables domiciliés en France qui souhaitent faire l'acquisition d'un bien immobilier classé ou inscrit aux Monuments historiques et nécessitant des travaux de restauration. Cette loi donne la possibilité de déduire de son revenu global 100 % des travaux de restauration sur 1, 2 ou 3 ans, sans limitation de montant et sans aucune notion de plafonnement. Les travaux doivent aboutir à la restauration parfaite des logements Monuments historiques, et la qualité du bâti est suivie par un architecte des Bâtiments de France. De plus, les charges sont déductibles du revenu global, à hauteur de 50 % si l'immeuble ne génère aucune recette, et dans leur totalité si l'immeuble est ouvert au public. Dans ce dernier cas, le déficit foncier lié à la location ou à des visites peut être imputé sur le revenu global. La déduction vient donc diminuer le montant des revenus imposables soumis au barème de l'impôt sur le revenu. Elle dépend donc des revenus totaux, et notamment du taux marginal d'imposition (TMI).

La loi Malraux

Le dispositif Malraux s'adresse aux contribuables qui investissent dans des appartements à rénover situés dans certaines zones protégées en raison de leur intérêt architectural et/ou historique. Ils bénéficient alors, non pas d'une déduction, mais d'une réduction d'impôt sur le montant des travaux de restauration réalisés. Le propriétaire doit s'engager à mettre en location le bien immobilier, de manière continue, pendant une durée minimale de 9 ans. La location doit commencer dans les 12 mois suivant l'achèvement des travaux de restauration. Mais contrairement au dispositif Pinel, aucun plafond de loyer n'est applicable. La réduction s'élève à 22 % (du montant des travaux de restauration) pour les biens situés en zone de protection du patrimoine architectural, urbain et paysager (ZPPAUP), ou à 30 % (secteur sauvegardé). Elle s'applique dans sa totalité dès la première année, mais si elle est supérieure à l'impôt à régler, l'excédent est reportable pendant 3 ans.

La loi Cosse

Introduit par la loi de finances rectificative pour 2016, le dispositif Cosse, appelé aussi « louer abordable », est réservé aux propriétaires ayant signé une convention avec l'Anah, au moyen du contrat « louer mieux », signée au moins pour 6 ans sans travaux et 9 ans si le propriétaire se voit allouer des aides aux travaux. Ce propriétaire s'engage à mettre en location son bien situé dans une ville où il est difficile de se loger, avec un loyer modéré. Plus le loyer auquel le propriétaire louera son bien sera bas, plus l'incitation fiscale sera forte. Il pourra déduire de son revenu de 15 % à 70 % des loyers perçus. L'incitation fiscale ira même jusqu'à 85 % pour les propriétaires qui confieront la gestion de leur bien à une association agréée. La déduction vient donc diminuer le montant des revenus imposables soumis au barème de l'impôt sur le revenu. Elle dépend donc des revenus totaux, et notamment du taux marginal d'imposition (TMI).

S'il n'y a aucune limite légale de montant qu'un particulier peut apporter pour acheter un bien immobilier défiscalisant, les réductions et déductions fiscales auxquelles le particulier a le droit sont plafonnées.

— Les réductions d'impôt Pinel, Pinel outre-mer et Denormandie sont limitées pour chaque propriétaire-investisseur à deux logements maximum par an (quelle que soit la loi), dans la double limite de 300 000 euros et d'un plafond de 5 500 euros par m^2 de surface habitable. La réduction est également à inclure dans le plafonnement global des niches fiscales de 10 000 euros (18 000 euros pour le Pinel Outre-mer).

— La déduction des travaux accordée par la loi Monuments historiques est plafonnée à 200 000 euros par an, sauf si le bâtiment est ouvert au public (aucun plafond dans ce cas).

— Le montant des travaux pour le calcul de la réduction d'impôt en loi Malraux est plafonné à 400 000 euros pour une période de 4 années consécutives.

— La déduction des loyers sur le revenu global accordée pour la loi Cosse est plafonnée à 15 300 euros.

Mais attention à ne pas regarder que la carotte fiscale. Immobilier et défiscalisation : rien qu'à la lecture de ces deux mots, les investisseurs se ruent sur ce type de placements, parfois sans vraiment analyser ce dans quoi ils investissent. Car la carotte fiscale ne s'obtient pas sans contraintes. Les loyers sont tout d'abord plafonnés. Donc, la rentabilité est un peu écornée. Surtout, les promoteurs immobiliers qui vendent ce type d'investissement savent bien qu'il est très séduisant, et certains n'hésitent pas à monter un peu les prix face à la demande importante et à une offre pas si développée (la loi de l'offre et de la demande). L'investisseur devra donc être très vigilant sur le prix payé pour le bien et sur sa capacité à le mettre en location. À condition de cocher les bonnes cases quant au prix et au lieu, et au programme qui correspond à son profil et à ses objectifs (notamment l'horizon de temps), l'investissement immobilier défiscalisant peut s'avérer très intéressant, mais très décevant si l'on sélectionne le mauvais programme. L'investissement meublé est particulièrement adapté pour les petites surfaces (ex. : résidence étudiante).

Le Pinel, lui, est adapté aux épargnants payant plus de 3 000 euros d'impôt par an. En dessous de 3 000 euros par an, l'investissement serait trop faible. Il impliquerait soit une trop petite surface, entraînant des *turn-over* plus importants, soit un emplacement excentré des centres-villes, entraînant un risque locatif important. Pour les contribuables soumis à la tranche à 41 ou 45 %, il est moins intéressant. En effet, il ne faut pas oublier que si vous obtenez une réduction d'impôt, vous recevez également des loyers, et donc un revenu imposable.

En ce qui concerne des budgets plus importants, les programmes immobiliers Malraux et Monuments historiques sont plutôt adaptés aux investisseurs payant plus de 6 000 euros d'impôt (et idéalement situés dans la tranche à 41 % ou 45 %).

À retenir : les investisseurs qui cherchent à acheter un appartement pour le louer peuvent se tourner vers l'immobilier défiscalisant. Mais la réduction d'impôt ne doit pas leur faire oublier les autres critères déterminants d'un achat : le bien sera-t-il facilement loué ? Le loyer est-il suffisamment élevé ? Son prix n'est-il pas surévalué ? Il faut surtout comparer les offres, entre deux biens défiscalisants, mais aussi avec un bien classique. Et se poser la question : n'est-il pas finalement plus rentable d'investir dans un bien sans défiscalisation, plutôt que d'obtenir une réduction d'impôt mais avoir un prix d'achat plus élevé, un loyer plus faible et une revente plus difficile ? À vos calculettes !

L'essor des SCPI

Depuis plusieurs années, l'investissement en SCPI tend à se démocratiser auprès des épargnants et devient une brique essentielle du patrimoine des Français.

Une SCPI (société civile de placement immobilier) est une société civile qui collecte des fonds auprès des investisseurs, le plus souvent des particuliers, qui deviennent alors associés de la SCPI. Avec les fonds collectés, la SCPI acquiert des immeubles (résidentiels ou commerciaux), dont elle perçoit les loyers. Une fois tous les frais (entretien, gestion, impôts, assurances, etc.) déduits, elle redistribue le résultat à chacun des associés en proportion du nombre de parts détenues. On parle d'un véhicule de pierre-papier, car comme un placement financier (assurance-vie, OPCVM, etc.), les SCPI permettent d'investir dans l'immobilier sans devoir se soucier de la gestion du bien. Celle-ci est déléguée à la société de gestion. Le porteur de parts n'a qu'à recevoir les loyers.

Mais ce n'est pas le seul atout des SCPI. Elles permettent en plus d'investir dans l'immobilier, quel que soit le budget : 5 000, 10 000, 50 000, 100 000, 300 000, 500 000 euros, etc. Et d'adapter ainsi son investissement à son budget exact, par exemple, à une capacité d'épargne. Vous avez une capacité d'épargne permettant de réaliser une acquisition de 215 000 euros ? Vous n'avez pas à rechercher un bien de cette valeur exacte, il vous suffit d'acheter le nombre voulu de parts de SCPI.

Autre atout : la diversification et la mutualisation des risques. Les SCPI permettent d'investir dans un grand nombre de biens. Des biens pas facilement accessibles aux particuliers : bureaux, commerces, entrepôts, cliniques, biens étrangers, etc. Et comme le parc est composé de dizaines, voire de centaines de biens, le risque est mutualisé : un locataire qui ne paye pas ou un problème sur un bien n'affectent pas significativement l'investissement.

Tous ces avantages ont un coût. Le souscripteur de parts de SCPI payera deux types de frais.

— Les frais de souscription : ils correspondent aux frais de collecte, de recherche et d'investissements de la société de gestion. Ils sont compris entre 8 et 12 % de l'investissement.

— Les frais de gestion : il s'agit des frais prélevés par la SCPI au titre de la recherche de locataires, l'encaissement des loyers et la gestion des impayés. Ils sont prélevés sur les loyers (environ 10 % des loyers).

Si les frais d'acquisition de parts de SCPI semblent assez élevés, ils correspondent à peu près à ce qu'un investisseur paye quand il fait une acquisition immobilière en direct.

Malgré ces frais, les rendements des SCPI restent attractifs. Nets des frais de gestion et d'acquisition, les rendements des SCPI sont compris entre 3 et 6 % (hors fiscalité). En 2022, les SCPI « de rendement » ont versé en moyenne un rendement d'environ 4,53 % nets de frais, selon les chiffres de l'Aspim (Association française des sociétés de placement immobilier).

Comme pour tout investissement immobilier, l'investisseur peut espérer, en plus des rendements obtenus, réaliser une plus-value au moment de la revente des parts. Au moins une fois par an, la société de gestion fait évaluer par un expert indépendant la valeur de son patrimoine. Si cette valeur a augmenté (ou baissé), la SCPI pourra alors décider d'une hausse de la valeur de ses parts. Comme tout actif financier ou immobilier, le prix d'une part de SCPI peut baisser. Ce placement ne convient donc pas aux investisseurs risquophobes.

Il s'agit cependant d'un actif immobilier, moins volatil qu'un placement en actions. Si l'on regarde ce qui a pu se passer en 2008 juste après la crise, les SCPI ont enregistré une baisse moyenne de 5,07 % (source Aspim-IEIF). Et les prix se sont vite redressés avec une hausse de plus de 5 % l'année suivante, et 5 % encore entre 2009 et 2011.

Performances annuelles et variations du prix de part des SCPI

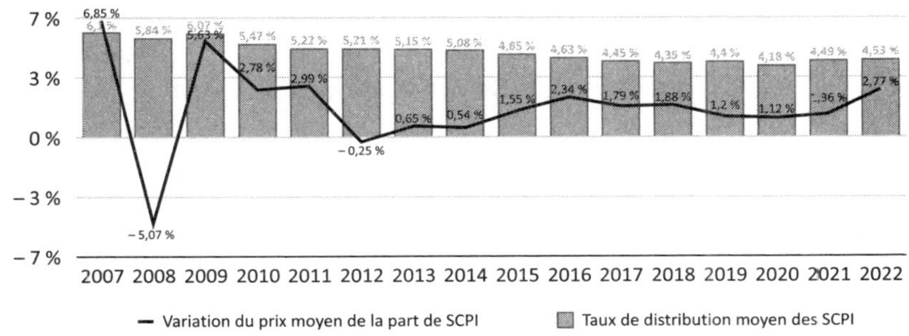

(Sources : placement.meilleurtaux.com, ASPIM IEIF)

Les risques des SCPI : baisse de part et illiquidités

Les difficultés du marché immobilier en 2023, du fait notamment de la remontée des taux d'intérêt, ont également affecté le marché de la pierre-papier. La collecte a ralenti, les demandes de rachat se sont multipliées, et la valeur des actifs a diminué. Certains véhicules n'ont d'autre choix que de bloquer les demandes de retraits, voire de baisser le prix de leur part.
Investir en pierre-papier revient à investir, indirectement, en immobilier. En achetant des parts d'une SCPI, vous devenez propriétaire d'une portion d'un patrimoine immobilier, recevez des loyers à hauteur de votre participation, et bénéficiez de – ou subissez, l'évolution de la valeur des actifs.
Mais une hausse ou une baisse des prix de l'immobilier n'engendre pas automatiquement une hausse ou une baisse du prix de la part d'une SCPI. Une SCPI n'est pas cotée (contrairement à une SIIC par exemple) et son prix n'évolue pas tous les jours. C'est généralement en fin d'année qu'une société de gestion évalue la valeur de ses actifs et, si cette valeur a fortement évolué, augmente ou diminue le prix de sa part. Mais rien n'oblige une société de gestion à augmenter le prix de sa part au moindre pourcentage d'évolution : la loi exige de faire évoluer le prix des parts uniquement lorsque l'écart avec la valeur de reconstitution dépasse les 10 %.
Le 7 juillet dernier, l'AMF appelait à la vigilance sur les fonds immobiliers « qui font face à un certain nombre de vulnérabilités que le ralentissement, voire

le retournement du marché pourraient cristalliser ». Le gendarme des marchés financiers a ainsi demandé aux sociétés de gestion de réaliser un rapport d'expertise et d'exposer la valeur de vente de leurs biens à la fin de l'été 2023.
Dans le même temps, la collecte des SCPI a chuté en 2023. Et de nombreux investisseurs, professionnels ou particuliers, inquiets de la situation, ont demandé le rachat de leurs parts de SCPI. Toutes les SCPI n'arrivent pas à collecter, et celles qui n'y arrivent pas sont généralement celles qui subissent le plus de demandes de rachat. Résultat : pour faire face à ces demandes, elles sont obligées de vendre, vite et donc à un mauvais prix, provoquant ainsi une baisse de la valeur de leur patrimoine immobilier.
Le couperet est ainsi tombé pour plusieurs sociétés de gestion, forcées de procéder à une baisse du prix des parts de leurs SCPI. D'autres SCPI pourraient encore suivre, en particulier sur le secteur du bureau, le plus affecté par les hausses de taux et surtout le développement du télétravail.
Nul doute que le marché des SCPI est entré dans une phase de turbulence. L'euphorie des dernières années, avec une collecte qui atteignait des records chaque année, des prix qui augmentaient régulièrement et surtout, des rendements compris entre 4 et 6 % nets de tous frais, sans rien faire, semble désormais loin.
Si les rendements ne semblent pas devoir être remis en cause (ils pourraient même grimper avec l'inflation), le risque de voir la valeur d'une part chuter, de 5, 10 ou même 15 % a de quoi refroidir les potentiels investisseurs. Plus qu'une baisse du marché immobilier, le principal risque d'une SCPI est de devoir subir des

demandes de rachat massives, avec donc l'obligation de vendre des actifs, à la casse, ce qui provoquerait une chute de leur valorisation.
Dès lors, la capacité qu'a une SCPI à faire face à un afflux de demandes, parce qu'elle a suffisamment de liquidités ou parce qu'elle continue à bien collecter, devient un des critères essentiels pour investir, au moins autant que le rendement, la diversification ou la valeur de reconstitution. Si le marché des SCPI traverse une zone de turbulences, il offre donc aussi des opportunités. Certes, l'investissement reste risqué – l'immobilier n'a jamais été un placement sans risque –, mais l'investisseur qui fait les bons choix peut espérer réaliser un bon investissement sur un horizon long terme (l'horizon qui est de toute manière obligatoire pour tout investissement en SCPI), surtout s'il a investi sur un véhicule qui profite des déboires d'autres pour racheter des biens à la casse.
Une poignée d'acteurs se démarquent et continuent de collecter de façon importante Ce sont ces SCPI, capables de capter des liquidités au travers de leur collecte, qui sauront bénéficier des opportunités offertes par le marché.

À retenir : l'investissement en SCPI est avant tout un investissement immobilier. Avec les avantages (rendements, actif tangible…) et les inconvénients (frais, fiscalité, risque de liquidité, etc.) de l'immobilier. Mais il offre une plus grande souplesse que l'investissement en direct : ticket plus faible, aucun souci de gestion, mutualisation du risque. Certes, de tels avantages se payent.

Mais les rendements, nets de frais, restent très attractifs. Malgré une année 2023 difficile pour l'immobilier et les SCPI, nul doute que ce placement restera dans le temps une pierre indispensable à la construction patrimoniale de long terme et à la préparation de la retraite.

6

Quelle stratégie pour quel âge ?

Les 25-40 ans

Si les 16, 18 ou encore 20 ans sont un cap pour beaucoup de jeunes qui découvrent certaines responsabilités (gérer un budget, vivre seul, petits boulots), c'est généralement vers 25 ans qu'on devient réellement indépendant. Financièrement indépendant. Avec les premiers revenus réguliers. Des revenus qui permettent de couvrir les dépenses, les loisirs et de couper le cordon avec les parents (dès 25 ans, ou à 30-35 ans pour les Tanguy…). Vous êtes enfin libre et vous êtes surtout prospère. Oui, prospère… Car vos charges se limitent souvent à votre loyer et vos dépenses alimentaires (et les sorties). Elles sont (normalement) couvertes par vos revenus. Et elles vont rester relativement stables pendant plusieurs années, alors que vos revenus vont augmenter. Profitez-en. C'est une période dorée. Dans les décennies suivantes, vous aurez toujours l'impression de courir après votre train de vie (belle image, on la ressortira). Mais profitez-en surtout pour poser les fondations de votre patrimoine et, dans un coin de la tête, de votre retraite. Avec un revenu, on a une capacité d'épargne.

Avec un revenu, on a une capacité d'emprunt. Et cela change beaucoup de choses.

Étape 1 : la question de la résidence principale

C'est la première question que vous devez vous poser. Tout le reste va découler de la réponse à cette question. À trois questions plutôt : est-ce que vous *voulez* acheter votre résidence principale ? Est-ce que vous *devez* acheter votre résidence principale ? Est-ce que vous *pouvez* acheter votre résidence principale ?

Est-ce que vous voulez acheter votre résidence principale ?

Pour vos parents et les générations précédentes, la réponse à cette question était évidente. Exister, c'était posséder. La propriété n'était pas le vol, mais la vie. Il y a vingt-cinq ans, le jeune salarié français rêvait d'acquérir sa résidence principale. Un studio, ou un petit appartement s'il était en couple. Pour se déplacer, il passait son permis et achetait une voiture. Pour se détendre, il s'achetait une belle télévision et collectionnait des DVD et des CD. Pour ses vacances, il rêvait d'acheter une résidence secondaire au bord de la mer ou à la campagne. *OK ! Boomer... !*

Aujourd'hui, le salarié n'a plus de voiture, il n'a même pas son permis. Il se déplace en Uber ou Blablacar. Pour les vacances, il voyage dans toute l'Europe (ou le monde) avec Easyjet ou Ryanair. Il ne connaît pas l'hôtel, il loue sur Airbnb, écoute de la musique sur Spotify et regarde des films sur Netflix. Avec l'essor de cette économie

« collaborative », la propriété est devenue *has been*. On « partage », on ne « possède » plus. Aujourd'hui, se fixer professionnellement, familialement, et donc géographiquement n'est plus une priorité pour de nombreux jeunes de 25-40 ans, qui rêvent au contraire d'une carrière qui les amènera à travailler dans différentes villes et différents pays. On débute à Paris, puis on part pour Londres, New York ou Singapour, ou de plus en plus, à Bordeaux ou à Nantes, voire, après la crise sanitaire, dans les environs de Reims ou de Rennes. L'avantage d'être locataire, c'est que votre logement correspond parfaitement à vos besoins à un instant T (surface, localisation, prix) et à vos moyens. Rester locataire, c'est faire le choix de la liberté, la liberté de déménager, la liberté de modifier ses projets en fonction de ses envies, mais surtout de la flexibilité. Mais bien entendu, tous les jeunes n'ont pas la bougeotte, et, si votre vision de la vie, c'est plutôt mariage et enfants vers 30 ans, emploi fixe et week-end à bricoler/jardiner, alors vous allez probablement vouloir acheter votre résidence principale très tôt.

Est-ce que vous pouvez acheter votre résidence principale ?

Il y a bien sûr une question de budget. Et tous les Français n'ont malheureusement pas les moyens d'acheter le bien adapté à leurs besoins ou à leurs envies. Dans les grandes villes, notamment, l'immobilier a atteint des niveaux excessifs. À Paris, par exemple, un T3 (appartement avec deux chambres) coûtera entre 400 000 et 800 000 euros (voire plus), un budget souvent inaccessible pour les couples qui pourront en revanche louer un tel bien (entre 1 500 et 2 500 euros de loyer). Bien sûr, il est possible de faire des sacrifices et d'acheter un bien modeste (on laisse le gamin dans la chambre et l'on dort dans le canapé-lit du salon), qui permettrait de faire des économies de loyer pour acheter plus grand dans quelques années. Mais une telle opération n'est pas forcément rentable. On va vous montrer pourquoi. Rappelons que la hausse spectaculaire des taux d'intérêt a bouleversé la donne et largement entamé le pouvoir d'achat immobilier.

Hausse des taux et perte de pouvoir d'achat immobilier

Avec la hausse des taux, les Français ont perdu 25 m² en pouvoir d'achat immobilier. Selon le baromètre du pouvoir d'achat immobilier réalisé par Meilleurtaux en juin 2023, les Français ont perdu en moyenne 5 m² de surface à l'achat depuis janvier 2023, dans les 20 plus grandes villes du pays. Et même 25 m² en moyenne depuis le 1er janvier 2020, juste avant le début de la crise sanitaire. Pour arriver à ce résultat, Meilleurtaux a analysé la surface que l'on pouvait acquérir sur ces 3 périodes avec une mensualité de 1 000 euros, et un taux moyen sur 20 ans. « Aujourd'hui concrètement, les acheteurs pourront acquérir à remboursement identique un bien d'une superficie 1,6 fois moins grande qu'en 2020, un pouvoir d'achat divisé quasiment par 2 ! » souligne Maël Bernier, porte-parole de Meilleurtaux. Saint-Étienne (Loire), Nîmes (Gard) et

Le Mans (Sarthe) sont les villes qui ont perdu le plus de mètres carrés, tandis qu'à Paris, Lyon, et Nice résistent, avec des baisses de 1 à 3 m², conséquence de la chute des prix dans ces villes, même si elles figurent parmi les plus chères de France.

Vous voulez, vous pouvez, mais est-ce que vous devez acheter votre résidence principale ?

Si la question se pose, c'est parce que la rentabilité d'une telle opération est loin d'être garantie, notamment dans certaines villes. Même si acheter sa résidence principale permet d'économiser un loyer, cela engendre aussi des frais élevés (agence, notaire, coût du crédit, etc.) qu'il faut généralement plusieurs années pour rentabiliser.

Selon une étude de Meilleurtaux réalisée en 2023, il faut compter en moyenne 15 ans et 6 mois pour rentabiliser un achat immobilier (par rapport à rester locataire) en France. C'est 10 ans de plus qu'en 2021, effet de la hausse des taux. De plus, c'est beaucoup plus long dans certaines grandes villes comme Paris (30 ans !) et Nantes (24 ans) ou encore Lyon et Bordeaux (22 ans).

Même si on attend que les taux diminuent, il faudra toujours entre 5 et 10 ans pour rentabiliser une acquisition. Or, sur la période, il peut se passer beaucoup de choses, surtout quand on a la trentaine. Des événements heureux, comme une famille qui s'agrandit, des besoins et des envies qui évoluent, mais aussi des ruptures, comme une mutation professionnelle, un licenciement, ou même une séparation. La plupart des salariés actifs seront amenés à changer plusieurs fois de métier et de lieu de vie tout au long de leur carrière. Ils se mettent aussi en couple plus tard, ont des enfants plus tard, se séparent, forment des familles recomposées, etc.

Vendre sa résidence principale trop tôt, avant d'avoir remboursé les frais d'acquisition et avant d'avoir commencé à rembourser le capital du crédit (les mensualités d'un crédit sont, les premières années, composées en grande partie d'intérêts), est souvent une très mauvaise opération financière. Vous vous dites peut-être que vous pourriez toujours mettre ce bien en location. Mais pour faire un investissement locatif, il faut, au moment de l'achat, étudier de près la rentabilité locative du bien, sa capacité à être loué facilement, les charges locatives, les travaux, etc. Des points auxquels on ne fait pas forcément attention quand on achète sa résidence principale (vous allez plutôt choisir au coup de cœur ou sur des critères très personnels, qui ne correspondent pas forcément au marché). Et vous n'aurez peut-être pas envie de vous occuper de la mise en location du bien, surtout si vous quittez le secteur.

Reste la possibilité de le mettre en gestion dans une agence… mais au détriment de la rentabilité de l'opération.

Acheter sa résidence principale et n'y vivre que quelques années est généralement une mauvaise opération financière. Mais quand on évoque la résidence principale, on n'est plus tout à fait dans le domaine du rationnel, et les données objectives ne sont pas toujours pertinentes. Même à l'heure de l'économie de « partage », l'attachement à la propriété de la résidence principale est fort. Et il ne se discute pas.

Étape 2 : on achète quoi ?

Acheter la résidence principale reste un objectif important des jeunes de 25-40 ans, même si les mœurs ont beaucoup changé ces vingt dernières années. Les jeunes qui le veulent, peuvent et doivent (selon leurs projets, mais aussi selon la ville) n'ont surtout aucune hésitation à avoir. Le crédit constituera pour eux une épargne forcée leur procurant un revenu net (une économie de loyer) et leur permettra de construire leur patrimoine avec cet effort d'épargne.

Pour les autres (et ils sont donc nombreux), ce n'est pas parce qu'on n'achète pas sa résidence principale qu'il ne faut pas investir dans l'immobilier, ni surtout profiter du levier du crédit. En restant locataire, vous économisez environ 200 à 300 euros, voire plus, par rapport à un logement de surface équivalente que vous auriez acheté. Cette capacité d'épargne, vous pouvez l'utiliser en investissant dans un bien immobilier à crédit. C'est une étape indispensable. Surtout quand on a la vie devant soi. Mais surtout pour profiter du levier du crédit.

L'immobilier locatif à crédit donne un effet de levier, dans la mesure où il permet de placer dès aujourd'hui non pas le capital qu'on a, mais le capital qu'on aura dans une vingtaine d'années. Grâce au crédit, les rendements obtenus sont élevés dès la première année, bien plus que ceux obtenus sur un placement financier. Ils contribuent à rembourser partiellement les mensualités de crédit et donc à limiter l'effort d'épargne à sortir chaque mois. Pour cette raison, pour un même effort d'épargne mensuel, vous obtiendrez plus sur un investissement immobilier à crédit que sur un placement financier, même lorsque ce placement s'est révélé plus performant que votre immobilier.

Le particulier réalisera donc un investissement à crédit, mais à condition de remplir ces sept conditions :

— détenir au préalable une épargne de précaution correspondant à deux ou trois mois de budget de dépenses ;

— pouvoir dégager une capacité d'épargne mensuelle régulière ;

— avoir une visibilité sur cette capacité d'épargne sur au moins quinze ans, voire vingt ans ;

— accepter une forme de rigidité : contrairement à une épargne programmée, vous n'avez pas la possibilité de suspendre vos versements un mois, pour cause de vacances, par exemple… ;

— trouver des conditions de crédit suffisamment favorables. Ne vous laissez pas endormir par la banque qui se servirait du contexte pour vous proposer un taux exagéré. Faites également attention aux taux d'appel qui peuvent paraître bas, mais lorsqu'on rajoute les frais de dossiers et assurance, le coût devient rédhibitoire. Regardez le taux annuel effectif global (TAEG), c'est le taux appliqué tous frais compris. Aujourd'hui, un bon crédit a un TAEG compris entre 3,5 % et 4,5 %. Au-delà de 4,5 % de TAEG, l'investissement à crédit ne devient plus rentable, sauf si vous avez un projet qui sert plus de 4 % de rendement net ;

— choisir l'investissement immobilier le mieux adapté à sa situation : BIC pour dégager des revenus non fiscalisés, SCPI pour un investissement souple et plus liquide, programmes défiscalisants pour réduire ses impôts... ;
— enfin, ne pas oublier que la qualité du bien sélectionné reste le critère déterminant : état, facilité à louer, frais et charges raisonnables...

Qui dit immobilier locatif en direct dit recherche de locataires, entretien et gestion du bien, travaux, etc. On perd cette liberté, si chère quand on est jeune. Le jeune se tournera donc plutôt vers le placement immobilier « sac à dos ». Un placement où la gestion est déléguée, de la recherche du bien à la gestion des locataires, en passant par les travaux. Un placement sur lequel on peut investir selon sa capacité mensuelle, de 100 euros à 500 euros (ou plus) par mois. Les SCPI correspondent parfaitement à ces besoins. Les SCPI ont pour objets l'acquisition et la gestion d'un patrimoine immobilier locatif. Ce patrimoine est confié à une société de gestion qui se charge de le louer et de l'entretenir pour le compte des porteurs de parts (moyennant frais de gestion). L'investisseur n'a qu'à percevoir les revenus ! Autre avantage, les SCPI permettent de mutualiser les risques et de diminuer ainsi le risque locatif.

Étape 3 : avant d'acheter, l'épargne de précaution

C'est plutôt l'étape 0, la première étape, indispensable pour pouvoir envisager ensuite des investissements de long terme. Cette épargne, quelques mois de salaire, permettra de faire face à des coups durs et des besoins de liquidités rapides. C'est un matelas de précaution, qui vous permet de mieux dormir la nuit et de faire face à tous les imprévus.

Elle permettra surtout, une fois constituée, de bénéficier d'une plus grande marge de manœuvre sur sa capacité d'épargne : investissement à crédit, placements bloqués sur plusieurs années, placements à risque, etc. L'épargnant pourra investir dans des placements plus performants, moins liquides et/ou plus risqués, car il sait qu'en cas de problème, il bénéficie de cette épargne de précaution.

Le placement pour l'épargne de précaution : le livret A. Avec des taux qui ont fortement augmenté ces derniers mois (3 % actuellement), l'intérêt du livret A est redevenu le rendement (même si le taux d'inflation est supérieur). L'autre intérêt est la liquidité : la disponibilité est quasi immédiate, alors que sur d'autres placements comme l'assurance-vie, il faut attendre généralement quelques jours pour voir les fonds sur votre compte, même si certaines compagnies d'assurances ont lancé le « rachat instantané » permettant un rachat partiel d'une partie de son épargne, donc disponible immédiatement. Le rachat instantané est disponible notamment chez l'assureur Spirica, filiale du Crédit agricole.

Dernier avantage du livret A, comme tout livret réglementé, il est exonéré d'impôt. Le rendement est donc de 3 % net. Difficile voire impossible de trouver mieux sans risque. Seul le LEP, qui rapporte 6 % – mais disponible uniquement pour les ménages peu imposés –, offre mieux aujourd'hui.

Plafonné à 22 950 euros par personne, le livret A est largement suffisant pour recevoir l'épargne de précaution. Sauf cas particulier (profil très risquophobe ou horizon très court terme), c'est le seul livret ou compte bancaire qu'il faut avoir dans son patrimoine.

À combien évaluer cette épargne de précaution ? Cela dépend de chaque profil, et notamment si vous êtes particulièrement dépensier ou si vous êtes tellement risquophobe que vous ne pouvez pas vous permettre de bloquer une épargne plus d'un jour. Établissez d'abord votre budget et regardez ce qu'il vous reste à la fin du mois. Plus ce montant est élevé, moins vous avez besoin d'une épargne de précaution.

Si personne n'a jamais livré de règles pour définir le montant à y consacrer, nous vous conseillons d'y stocker entre trois et six mois de salaire, un peu plus si vous êtes très risquophobe, un peu moins si vous avez de très hauts revenus et un budget largement équilibré.

Étape 4 : après l'épargne de précaution et le crédit, l'épargne de long terme

Investir à 25-40 ans se fait généralement sans objectif précis : on cherche à se construire un patrimoine, financier et immobilier, qui servira, peut-être, à un apport pour financer une acquisition immobilière ou les études des enfants, ou à un projet particulier (création de son entreprise ?).

La retraite ? On y pense, dans un coin de la tête, mais elle paraît trop éloignée pour vraiment s'en préoccuper. Qu'importe. L'épargne que vous constituez avant 40 ans, qu'elle soit destinée à un projet précis, ou simplement à assurer votre avenir, sera, au moins en partie, utilisée pour votre complément de retraite, même si vous ne le savez pas au moment où vous épargnez…

Dès que vous avez un surplus sur votre compte bancaire et un livret A déjà bien rempli, ne laissez pas ce surplus dormir à 0 %. Placez-le immédiatement dans une enveloppe de long terme. Avec un horizon long terme, on peut investir dans des produits offrant des perspectives de rendement attractives. Des produits certes plus risqués que le livret A, et/ou moins liquides, ou encore avec plus de frais, mais des produits plus performants.

Le placement idéal pour l'épargne de long terme est l'assurance-vie multisupport. Contrairement aux idées reçues, l'assurance-vie n'est pas qu'un placement pour protéger ses proches lorsqu'on est à la retraite. C'est également un excellent outil pour se construire un patrimoine quand on est jeune. C'est un vrai couteau suisse patrimonial, permettant de mettre de côté, à son rythme, *via* des versements programmés ou ponctuels, avec la possibilité de retirer à tout moment. Elle est adaptée à tous les budgets. En toute souplesse, et pour quelques dizaines ou centaines d'euros chaque mois, vous pouvez vous constituer progressivement un capital. Libre à vous d'augmenter le montant des versements par la suite.

Le contrat d'assurance-vie que vous ouvrez à 25 ou 30 ans va pouvoir vous accompagner dans tous vos projets, tout au long de votre vie patrimoniale : épargne de long terme d'abord, apport pour investissement immobilier ensuite et, enfin, complément de retraite.

Quant à la performance, celle-ci dépend de vos choix de supports à l'intérieur du contrat. Car l'assurance-vie permet d'investir sur à peu près tout, ou presque : des produits garantis ou très sûrs, comme le fonds en euros ou des fonds monétaires ou obligataires, mais aussi des placements risqués (et potentiellement performants), comme des actions (françaises et européennes, mais aussi internationales), sans oublier la possibilité d'investir en immobilier *via* des placements pierre-papier (SCPI, SCI, etc.).

Les supports disponibles sont donc très diversifiés et permettent d'adapter son épargne à son profil (et de la faire évoluer quand le profil change) pour obtenir une performance attractive sur le long terme, avec une fiscalité douce (au bout de huit ans).

Surtout, il faut privilégier les contrats d'assurance-vie sans frais d'entrée, avec le maximum de supports diversifiés et de qualité, et accessibles pour des versements programmés assez faibles et modulables. Certains mois, vous arriverez à épargner beaucoup, et d'autres (ex. septembre, avec la rentrée scolaire, et décembre, avec les fêtes), vous ne pourrez rien mettre de côté.

En complément de votre contrat d'assurance-vie, d'autres placements peuvent être envisagés à 25-40 ans, dans certains cas :

— le PEA et le compte titres : vous êtes jeune et vous avez donc l'avantage, très précieux quand on investit en Bourse, d'avoir le temps devant vous. Vous êtes moins stressé par le risque de baisse à court terme et par les cycles économiques, vous restez confiant sur le fait que les marchés d'actions devraient offrir de belles performances à long terme et que les pépites que vous avez sélectionnées deviendront de véritables leaders dans dix, quinze ou vingt-cinq ans. Le PEA et le compte titres sont les deux enveloppes pour investir en Bourse. Le PEA est l'outil idéal pour ceux qui veulent se construire un portefeuille d'actions françaises et européennes en bénéficiant d'une fiscalité douce, alors que le compte titres permet une plus grande diversification géographique et sectorielle : vous voulez investir en direct sur les Gafa (Google, Amazon, Apple et Facebook) ou chez des futurs champions de la tech américaine ? C'est le compte titres qu'il faut choisir, en achetant en direct des actions américaines ou un ETF (appelé aussi *tracker*, ce sont des fonds cotés en Bourse qui suivent strictement l'évolution d'un indice boursier). Vous avez un ami qui vous recommande une « pépite » française sur un secteur d'avenir ? Privilégiez le PEA. Et qui sait ? Peut-être vous découvrirez-vous une vraie passion, et même un réel talent, pour gérer un portefeuille boursier, sélectionner les valeurs décotées ou à fort potentiel, et même réaliser des coups de *trading* grâce à une analyse macroéconomique ou à une analyse technique ?

— l'épargne salariale : certaines entreprises ont mis en place des systèmes d'épargne collectifs permettant aux salariés de placer une partie de leurs revenus. L'épargne est par exemple placée dans un PEE (plan d'épargne entreprise). Il s'agit d'une enveloppe proche du PEA, permettant d'investir dans les actions de l'entreprise et quelques OPCVM. L'offre est assez limitée et les frais, souvent élevés. De ce point de vue, le PEE est un mauvais PEA ou une mauvaise assurance-vie. Mais l'intérêt est ailleurs : l'entreprise verse sur ce plan l'intéressement et la participation, des primes qui sont exonérées d'impôt si elles sont versées sur le plan (au lieu d'être versées en direct au salarié). L'employé ne doit surtout pas hésiter à choisir le reversement de ces primes dans le PEE. Dès lors que le plan a cinq ans, les fonds peuvent être retirés. Dans certains cas, la société met en place des politiques incitatives très intéressantes : *via* des abondements (votre employeur complète chacun de vos versements, de l'argent gratuit…) ou l'accès aux actions de l'entreprise avec une décote. Vérifiez bien la politique de la société, et si elle est incitative, profitez-en ;

— le PER : c'est un contrat d'assurance-vie dédié à la préparation de la retraite. Il a donc un inconvénient majeur, surtout quand on est jeune : les sommes sont bloquées jusqu'à la retraite (sauf cas exceptionnel). Vingt ou trente ans de blocage, c'est une contrainte importante pour votre épargne, d'autant que vous avez d'autres objectifs que la retraite en tête. Mais le PER a aussi un avantage important, un avantage fiscal : les sommes placées sur le plan sont déductibles, dans certaines limites, de vos revenus imposables. Et c'est cette carotte fiscale qui incite de plus en plus de Français, jeunes ou âgés, à investir une partie de leur épargne dans le PER. Certes, ils s'inquiètent pour leur retraite mais c'est surtout la défiscalisation qui les attire. N'hésitez donc pas, si vous cherchez une réduction d'impôt, surtout si vous avez un taux d'impôt élevé, à faire un versement dans un PER, en gardant en tête que les sommes seront bloquées jusqu'à la retraite.

Conclusion : La feuille de route des 25-40 ans

On réfléchit à l'acquisition ou non de la résidence principale.

Si oui :
On se construit une épargne de précaution.
On se construit un apport si nécessaire.
On emprunte pour acquérir sa résidence principale.

Si non :
On se construit une épargne de précaution.
On emprunte pour de l'immobilier locatif à crédit pour profiter du levier.
On choisit un programme immobilier accessible, sans tracas de gestion courante.

Dans tous les cas :
On ouvre une assurance-vie pour placer le surplus d'épargne long terme.

On ouvre un PEA, mais seulement si l'on est intéressé par la Bourse et les valeurs, et qu'on a du temps pour gérer un portefeuille – ou qu'on le donne en gestion à un (vrai) professionnel.
On construit une épargne salariale pour profiter des abondements de l'entreprise.
On ouvre un PER et on verse chaque année un complément d'épargne pour bénéficier d'une défiscalisation.

Les 40-55 ans

L'heure de la sagesse. Finie l'insouciance, on passe aux choses sérieuses. Pour votre épargne aussi. À 25 ou 30 ans, on épargne comme on peut, et surtout comme on veut, sans objectif précis. À partir de 40 ans, les objectifs deviennent beaucoup plus concrets. Ils sont plus nombreux aussi : acquisition immobilière, épargne pour les enfants, défiscalisation et, surtout, préparation de la retraite.

Paradoxalement, c'est une bonne nouvelle pour votre patrimoine, car il est beaucoup plus simple d'épargner quand on sait pourquoi on le fait. Avec un but précis et un horizon de temps fixé. C'est aussi beaucoup plus simple, parce qu'à partir de 40 ans, on est généralement plus installé (professionnellement et familialement) et cela change beaucoup de choses.

Avec ces éléments bien précis en tête, de votre capacité d'épargne à votre horizon de placement en passant par votre profil, vous allez pouvoir vous lancer dans un plan de construction d'un complément de retraite précis et efficace. Tout ou presque se joue maintenant…

Étape 1 : on règle la question de la résidence principale

C'était le principal enjeu des 25-40 ans, qui déterminait tous leurs choix d'investissement (voir chapitre précédent). Mais à partir de 40 ans, cette question doit être réglée. Et alors qu'elle était très complexe à 30 ans, c'est devenu très simple passé 40 ans (la sagesse…). Soit vous l'avez. On coche la case et l'on passe à autre chose. Soit vous ne l'avez pas. Si vous ne l'avez pas, c'est peut-être parce que vous n'aviez pas les moyens d'acheter le bien dans lequel vous vouliez vivre. Ou plutôt (ou aussi) parce que vous aviez compris que vous étiez dans une période de votre vie (professionnelle et familiale) relativement instable, incompatible avec la rigidité qu'entraîne l'acquisition de la résidence principale, qui exige de se poser au même endroit pendant de longues années.

Mais à 40 ans, tout change. Pour beaucoup, la vie est désormais bien plus stable. Professionnellement, on change beaucoup moins après 40 ans. Financièrement, vos revenus ne connaîtront plus les *jumps* des premières années, mais vont progresser plus régulièrement, par paliers. Et familialement (marié, pacsé, seul ; avec ou sans enfant), vous connaissez exactement vos besoins pour les dix ou quinze prochaines années : appartement ou maison, deux, trois ou quatre chambres, grand garage pour les deux voitures ou box pour le vélo électrique, etc.

Le moment est donc idéal pour se lancer dans l'acquisition de la résidence principale.

Mais si vous ne l'aviez pas achetée jusque-là, c'est peut-être aussi, et surtout, tout simplement parce que vous ne le vouliez pas. Question de philosophie : à l'heure de l'économie de partage, d'Airbnb, la propriété est devenue ringarde. Être locataire, c'est jouir d'une liberté que de moins en moins de Français (jeunes, mais aussi quadras et même seniors) veulent sacrifier. D'autant plus que les prix immobiliers paraissent très (trop ?) élevés aujourd'hui.

On oublie donc la résidence principale (on l'a, on l'achète, on ne l'achète pas). On règle cette question une fois pour toutes. On arrête de focaliser son attention sur ce sujet (sagesse...). Et l'on se concentre sur les autres sujets, et notamment la retraite.

Étape 2 : cap sur la retraite

Oui, nous comprenons ce que vous nous dites. J'ai 40 ans. La retraite, c'est loin. Et de plus en plus loin, car je vais devoir travailler de plus en plus longtemps. Certes. Vous êtes en pleine forme, au top de votre carrière, alors pourquoi penser (déjà) à la retraite ? Parce que vingt-cinq ans, cela passe vite : quinze ou dix ans pour les quinquas et ceux qui ne comptent pas attendre 65 ans pour partir, c'est demain. Et parce qu'avec une durée de vie qui s'allonge, la retraite dure plus longtemps. Vous passerez près d'un tiers de votre vie à la retraite (et près de la moitié pour les « chanceux » qui vont vivre le plus longtemps...).

Vous devez absolument utiliser ces années pour vous construire un complément de revenus confortable à la retraite. On dit « complément de revenus », mais en réalité, vos revenus à la retraite, c'est vous qui devez les bâtir vous-même. Ne comptez pas sur l'État et le système de retraite par répartition. La retraite qu'il vous payera risque d'être tellement réduite qu'elle ne constituera plus que le complément du revenu que vous vous construirez par capitalisation. C'est peut-être dur à lire, mais cela n'a rien de nouveau pour vous. On ne vous apprend rien. Comme tous les Français, vous savez déjà que les retraites payées par l'État seront réduites drastiquement. C'est pour cela que la France a un taux d'épargne des particuliers parmi les plus élevés au monde (bien qu'ils payent une assurance retraite également parmi les plus coûteuses au monde).

Étape 3 : quelle enveloppe financière pour préparer votre retraite ?

Placement préféré des Français, l'assurance-vie peut répondre à tous les objectifs, notamment à long terme, puisque la fiscalité est très avantageuse au bout de huit ans : faire fructifier un capital, financer les études des enfants, anticiper une acquisition immobilière, et bien sûr, préparer sa retraite.

L'intérêt de l'assurance-vie ? Sa grande souplesse, notamment pour les retraits. Contrairement à une idée reçue, l'assurance-vie n'est en effet pas bloquée. L'épargnant peut effectuer des rachats partiels à tout moment. L'enveloppe permet donc d'épargner en vue de sa retraite, tout en gardant la possibilité de piocher dans le capital disponible en cas de besoin.

Il faut donc ouvrir un ou même plusieurs contrats dès le plus jeune âge. Ces contrats vous accompagneront tout au long de votre construction patrimoniale, pour tous vos objectifs, et donc pour préparer la retraite.

En complément de votre assurance-vie, un PEA (si on a l'âme d'un boursicoteur) ou un PEE (si le plan d'épargne salariale proposé par votre entreprise est suffisamment attractif) peuvent être des solutions.

Mais le placement idéal pour préparer sa retraite à 40 ou 50 ans, c'est le PER, plan d'épargne retraite individuel ou collectif.

Créé en 2019 pour relancer les dispositifs d'épargne retraite, le PER est une enveloppe dont le fonctionnement a été calqué sur l'assurance-vie, afin de bénéficier des mêmes avantages financiers (fonds euros garantis, supports en actions et en obligations, pierre-papier, etc.).

L'intérêt principal du PER est l'avantage fiscal qu'il offre sur les versements. En effet, les versements réalisés sur une année dans ce produit sont déductibles du revenu imposable (dans certaines limites). Vous versez donc pour votre retraite et vous bénéficiez d'une déduction immédiate sur vos impôts. Préparer sa retraite et réduire ses impôts, deux problématiques majeures des Français. Et une solution : le PER. Cette enveloppe présente une forte contrainte : les sommes sont bloquées (sauf cas exceptionnels) jusqu'à la retraite. Mais cette contrainte n'en est plus une quand on sait qu'on épargne dans le seul but de se construire sa retraite (on a déjà une épargne de précaution et une assurance-vie pour les autres objectifs).

Comme pour un contrat d'assurance-vie, la performance dépend de vos choix de supports à l'intérieur du contrat : produits garantis ou très sûrs, comme le fonds en euros ou des fonds monétaires ou obligataires, mais aussi des placements risqués (et potentiellement performants), comme des actions (françaises et européennes, mais aussi internationales), sans oublier la possibilité d'investir en immobilier *via* des placements de pierre-papier (SCPI, SCI, etc.).

Les supports disponibles sont donc très diversifiés et permettent d'adapter son épargne à son profil (et de la faire évoluer quand le profil change) pour obtenir une performance attractive sur le long terme.

Surtout, il faut privilégier les PER sans frais d'entrée, avec le maximum de supports diversifiés et de qualité, et accessibles pour des versements programmés.

À partir de 40 ans, vous devez donc absolument ouvrir un PER si vous n'en avez pas déjà un, et mettre en place des versements programmés : tous les mois, une part de votre salaire, entre 5 et 10 %, ira donc automatiquement dans votre PER, c'est votre assurance retraite. Mais c'est aussi votre solution pour payer moins d'impôts. N'oubliez pas en effet que les versements sont déductibles : si vous versez 400 euros par mois dans un PER, et que votre TMI (tranche marginale d'imposition) est de 30 %, vous récupérez donc 120 euros (400 × 30 %) d'économie d'impôt. Votre effort d'épargne n'est donc que de 280 euros. Au bout de 15 ou 20 ans, votre épargne aura fructifié, et ce sont donc 500 ou 600 euros de revenus complémentaires que vous obtiendrez. Le double de votre effort d'épargne.

Votre programme d'épargne retraite ne s'arrête pas là : s'il vous reste une capacité d'épargne en fin d'année, et que vous n'avez pas investi 10 % de vos salaires sur le PER, alors faites un versement complémentaire avant la fin de l'année. Les sommes versées dans le PER avant le 31 décembre sont en effet déductibles dès l'année suivante.

Plan d'épargne retraite individuel ou collectif ?

Le PER peut être souscrit de manière individuelle. De nombreux plans sont disponibles auprès des banques, assureurs, courtiers en ligne et conseillers en gestion de patrimoine. À l'image des contrats d'assurance-vie, on trouve sur Internet des plans de grande qualité, avec des frais d'entrée et d'arbitrage nuls, et de nombreux supports pour diversifier (fonds euros, OPCVM, pierre-papier).

On trouve également des PER « collectifs » (ou entreprise), auxquels les salariés peuvent souscrire *via* l'épargne salariale de leur employeur. Ces enveloppes sont généralement plus chargées en frais et relativement limitées en supports. Mais elles ont un avantage de taille : l'entreprise peut verser l'intéressement, la participation et également « abonder » tous vos versements par un versement complémentaire. Vérifiez donc que votre entreprise en propose un et quelle est

sa politique d'incitation. Et si elle est forte, n'hésitez pas à en profiter.
Notez que les plans sont transférables entre eux, ce qui facilite grandement le suivi tout au long d'une carrière, qui comporte généralement plusieurs changements d'entreprise, voire de profession.

Étape 4 : l'immobilier et le levier du crédit au service de votre retraite

La diversification est un élément essentiel de la construction patrimoniale. Plus vous diversifiez, plus vous profitez des avantages des différents actifs et des différentes enveloppes, et vous ne dépendez pas que d'un placement pour réussir votre plan retraite. Vous devez donc diversifier les actifs (monétaire, actions, immobilier, etc.) et les enveloppes (livret A, assurance-vie, PER, etc.). Et vous devez enfin diversifier vos flux d'épargne, en profitant notamment du levier du crédit.

Investir en immobilier à crédit – résidence principale, bien locatif ou encore SCPI – est un élément indispensable pour réussir sa construction patrimoniale. Par rapport à un investissement de 400 euros dans une enveloppe financière, vous pourriez emprunter pour réaliser un investissement immobilier et utiliser ces 400 euros pour rembourser le crédit. L'intérêt ? Vos 400 euros ne seront pas les seuls à rembourser le crédit, car vous allez aussi percevoir des loyers élevés. L'immobilier à crédit permet en effet de placer dès aujourd'hui non pas le capital qu'on a, mais le capital qu'on aura dans une vingtaine d'années. Les rendements sont donc bien plus élevés que ce qu'on obtient les premières années avec un placement financier. Ces loyers que vous recevrez permettront en fait de rembourser une partie de vos mensualités. Avec 400 euros par mois, vous pourrez donc rembourser entre 600 et 1 200 euros de mensualités (selon les projets). Mécaniquement, vous épargnez donc entre 1,5 et 2 fois plus que pour un placement financier sans crédit. C'est exactement cela qu'on appelle « le levier du crédit ».

À 40 ou 50 ans, on peut se lancer dans un projet immobilier d'envergure et investir dans un bien en direct, qu'on met en location. Selon son budget, on peut acquérir un studio, un trois-pièces, ou pourquoi pas, un appartement en colocation (la colocation permet d'optimiser le rendement d'un bien immobilier).

Mais attention à la facture fiscale, car vers la cinquantaine, on est proche du sommet de sa carrière en matière de revenus, donc dans une tranche haute de l'impôt sur le revenu. À supposer qu'on n'ait plus les enfants à charge, et l'on se retrouve vite avec des loyers imposés à plus de 50 %. Il faut alors privilégier l'investissement en meublé : avec le statut de LMNP, vous n'aurez pas de fiscalité pendant de nombreuses années. En effet, ce statut permet entre autres d'amortir le prix du bien sur vos revenus imposables. Cette charge d'amortissement comptable permet généralement d'obtenir un résultat fiscal nul et donc un revenu imposable… nul.

Si vous êtes refroidi par les contraintes de l'immobilier physique, vous pouvez aussi acquérir à crédit des parts de SCPI. Dans ce cas, la société de gestion s'occupe de tout, vous n'avez qu'à percevoir les loyers. Mais privilégiez dans ce cas les SCPI européennes, investies hors de France, et qui bénéficient d'une fiscalité plus douce.

Enfin, prenez le temps de trouver des conditions de crédit suffisamment favorables. Ne vous laissez pas endormir par la banque qui se servirait du contexte pour vous proposer un taux exagéré. Faites également attention aux taux d'appel qui peuvent paraître bas, mais lorsqu'on rajoute les frais de dossiers et assurance, le coût devient rédhibitoire. Regardez le TAEG, c'est le taux appliqué tous frais compris. Aujourd'hui, un bon crédit a un TAEG compris entre 3,5 % et 4,5 %. Au-delà de 4,5 % de TAEG, l'investissement à crédit ne devient plus rentable, sauf si vous avez un projet qui sert plus de 4 % de rendement net.

Conclusion :
La feuille de route des 40-55 ans

On règle une bonne fois pour toutes la question de la résidence principale.
On ouvre une enveloppe spécifique pour la retraite : un PER (individuel et/ou entreprise).
On réalise un investissement immobilier locatif à crédit (en meublé ou en SCPI européenne, pour limiter la fiscalité).
On ouvre un PEA, mais seulement si l'on est intéressé par la Bourse et les valeurs, et si l'on a du temps pour gérer un portefeuille.
On profite toujours des plans d'épargne salariale de l'entreprise, si on en a et qu'ils sont attractifs.

De 55 ans... jusqu'au départ en retraite

Toujours pas multimillionnaire à 60 ans ? Loin de là, même... Pas de Rolex ? Vous avez peut-être tout bien fait jusque-là (épargne de précaution et crédit immobilier à 30 ans, épargne retraite à 40 ans, etc.) ou peut-être pas... Dans tous les cas, vous n'avez pas chômé ces dernières années. Mais entre les impôts, les études des enfants ou encore les travaux de réparation et d'aménagement de votre résidence principale, vous n'avez pas mis de côté autant que vous l'auriez voulu.

Vous avez l'impression d'avoir passé votre vie à travailler pour les autres. L'État, bien sûr, qui vous a massacré d'impôts, votre banquier, pour payer vos crédits, vos enfants, vos parents, etc. C'est l'heure de vous focaliser sur vous. Sur votre patrimoine. Heureusement, à quinze, dix et même cinq ans de la retraite, il n'est pas trop tard pour construire votre patrimoine.

On finit par une bonne nouvelle ? Contrairement aux générations qui vous suivront, vous allez toucher une retraite relativement bonne. L'État n'aura pas le temps (ni le courage) de toucher aux retraites qui seront servies dans dix ou quinze ans. Vous allez passer entre les mailles du filet.

Étape 1 : Audit de la situation

À partir de 55 ans, vous recevrez de votre caisse de retraite non seulement un relevé de situation individuelle, qui synthétise l'ensemble de vos droits à la retraite, mais surtout une estimation indicative globale qui récapitule l'ensemble de votre carrière, ainsi qu'une estimation du futur montant de votre pension. Vous recevrez de nouveau ce document tous les cinq ans, jusqu'à ce que vous preniez votre retraite. C'est une aubaine. Vous allez pouvoir comparer le montant de cette estimation pour calculer votre taux de remplacement.

Le taux de remplacement correspond au pourcentage du dernier niveau de rémunération qui sera perçu au moment de la retraite. Par exemple, votre taux de remplacement sera de 66 % si votre revenu professionnel était de 3 000 euros par mois l'année de votre départ en retraite et si le montant de votre pension de retraite mensuelle est de 2 000 euros.

À 55 ou 60 ans, vous pouvez calculer aisément le taux de remplacement. Vous connaissez vos revenus, ainsi que l'estimation de votre pension. Vous pouvez donc calculer exactement le revenu complémentaire que vous devriez dégager pour ne pas subir une perte de niveau de vie à la retraite. Et donc calculer le montant de patrimoine qu'il vous reste à construire pour atteindre ce niveau.

Cela paraît simple ? En pratique, il est souvent compliqué d'atteindre un taux de remplacement proche de 100 %. Mais même 80 % ou 90 %, c'est déjà un bon objectif.

Vous allez peut-être aussi toucher un héritage. Car avec l'allongement de la durée de vie, les Français reçoivent un héritage de plus en plus tard. À 60 ans plutôt qu'à 30 ou 40 ans. Cet héritage ne sert plus à se lancer dans la vie ou à acquérir sa résidence principale. Il sert à améliorer sa retraite. À condition bien sûr de faire les bons choix, les dernières années de travail peuvent être utilisées à bon escient pour se construire un complément de pension et remplir tous ses objectifs une fois à la retraite.

Étape 2 : Opération sauvetage de votre retraite

Vous connaissez donc le montant à atteindre. Un objectif bien précis, pour obtenir un taux de remplacement de 100 %, 90 % ou 80 %. Il vous suffit maintenant de calculer le montant que vous devez épargner tous les mois pour atteindre ce niveau une fois à la retraite.

Placez ce montant dans un contrat d'assurance-vie, ou encore mieux, un PER. Le PER est une enveloppe proche d'un contrat d'assurance-vie et offre ainsi les mêmes avantages financiers (fonds euros garantis, supports en actions et en obligations, pierre-papier, etc.).

Les sommes sont bloquées jusqu'à la retraite. Un inconvénient par rapport à un contrat d'assurance-vie (sur lequel les sommes sont disponibles à tout moment), mais qui n'en est pas vraiment un pour vous, à quelques années de la retraite et avec cet objectif principal en vue.

Mais par rapport à l'assurance-vie, le PER est plus rentable, parce qu'il offre en plus un avantage fiscal : les versements réalisés sur une année sur ce produit sont déductibles du revenu imposable (dans certaines limites). C'est un atout indéniable du PER, notamment parce qu'il vous permet d'épargner plus que sur une autre enveloppe (puisque vous récupérerez dès l'année suivante une partie de votre versement). L'effort d'épargne est le même, mais l'épargne placée est plus importante et produit donc plus d'intérêts.

Attention cependant à la fiscalité à la sortie. Les retraits du PER sont imposés au barème progressif de l'impôt sur le revenu, sauf la part de plus-value dans un retrait qui peut être imposée à la *flat tax*. Il faut donc tenir compte, dans vos calculs, du taux marginal d'impôt que vous subirez à la sortie.

— S'il est plus faible que votre taux actuel, ce qui est généralement le cas au-delà de 50 ans car on est dans une tranche de revenus plus haute qu'à ses débuts, et que les revenus baissent au moment du départ à la retraite, alors vous pouvez privilégier le PER.

— Si ce n'est pas le cas, notamment si vos revenus ne baisseront pas à la retraite (c'est une bonne nouvelle car cela veut dire que vous avez réussi à avoir un taux de remplacement de 100 %), privilégiez l'assurance-vie. L'assurance-vie n'offre certes aucun avantage fiscal à l'entrée mais la fiscalité à la sortie est plus douce. Et les sommes ne sont pas bloquées jusqu'à la retraite.

Étape 3 : Prendre des risques pour sauver votre retraite ?

Lorsque vous allez auditer votre situation à dix ou quinze ans de la retraite, et votre aptitude à construire un complément de retraite, vous allez tenir compte de votre capacité d'épargne mais aussi du taux de rentabilité de votre épargne.

Si vous atteignez votre objectif en prenant un taux de 2 à 3 %, vous faites partie des chanceux qui n'ont pas besoin de prendre des risques. Mais en pratique, beaucoup auront besoin d'obtenir une rentabilité supérieure.

Ceux-là n'ont pas le choix. Pour obtenir une rentabilité supérieure à 3 ou 4 %, ils doivent investir dans des placements plus risqués : des obligations d'entreprise, de l'immobilier, des actions ou encore de l'investissement non coté (*private equity*).

En fait, si, ils ont le choix. Ils peuvent décider de ne prendre aucun risque, d'accepter une rentabilité inférieure à 3 %, et de vivre une retraite moins dorée, mais plus sûre.

Pour investir dans des placements plus risqués mais plus rémunérateurs, le plus simple est d'investir dans votre contrat d'assurance-vie ou votre PER sur des OPCVM, des fonds d'investissement gérés par une société de gestion, ou des ETF (des fonds qui suivent un indice de référence). La bonne nouvelle, c'est qu'on trouve généralement des centaines d'OPCVM et d'ETF, de qualité, ultra-diversifiés (actions européennes et internationales, obligations, etc.), et à frais réduits, disponibles dans les contrats d'assurance-vie ou des PER. Il faut juste savoir où chercher, notamment sur les comparateurs en ligne ou les palmarès publiés chaque année par les médias indépendants (*Mieux vivre votre argent*, *Le Particulier*, etc.)

En revanche, vous allez peut-être avoir besoin d'aide pour construire votre allocation d'actifs, et choisir les bons supports selon votre profil et votre horizon de temps. Vous pouvez par exemple choisir une allocation type proposée par votre courtier. Dans l'idéal, il faut une allocation très diversifiée avec notamment du fonds euros, des fonds obligataires et de l'immobilier (et majoritairement si on a un profil prudent) mais également des fonds actions, diversifiés et de *private equity*, et majoritairement si on a un profil dynamique. Certains courtiers proposent enfin des allocations pilotées, pour lesquelles un gérant « pilote » l'allocation dans le temps, en fonction de ses prévisions macroéconomiques. Il va par exemple augmenter sa part en actions lorsqu'il est optimiste sur les marchés boursiers, et la diminuer lorsqu'il veut être plus prudent.

L'autre enveloppe fiscale pour investir en actions est le PEA. C'est l'outil idéal quand on veut investir en direct sur des actions françaises. Un tel investissement exige du temps et des connaissances pour bien sélectionner les titres. Idéalement, il faut être passionné de microéconomie et de *stock picking*. C'est en quelque sorte un investissement « plaisir ».

Le PEA est limité aux actions européennes. Pour investir en direct dans des entreprises internationales (ex. : Gafam), l'épargnant doit ouvrir un compte titres. Ce type de compte n'a quasiment aucune contrainte, mais n'offre aucun avantage fiscal.

La plupart des réseaux bancaires (BNP, Société générale, etc.) et des banques en ligne (Hello Bank !, Fortuneo, Boursorama, etc.) proposent des PEA et des comptes titres à leurs clients. Il existe également des acteurs appelés « courtiers en ligne » (Bourse Direct, Saxo Banque, Degiro, etc.), qui ne sont pas à proprement parler des banques. Ils ne proposent pas de comptes courants et autres services et produits bancaires. Leur seule activité est le passage d'ordres et la gestion de comptes de Bourse.

Étape 4 : Un dernier projet immobilier avant la retraite ?

Avant 2023, lorsque les taux d'emprunt étaient encore très bas, nous vous aurions recommandé sans hésiter de vous lancer, à 55 ans, dans un dernier projet immobilier à crédit, sur un horizon de dix ans.

Mais la situation a drastiquement changé en un an. Les taux d'emprunt se sont envolés, et la rentabilité d'un investissement à crédit, sur un horizon assez court de dix ans, n'est plus garantie. En particulier à 55 ans car, à cet âge, la banque ne vous accordera pas le meilleur taux, et vous payerez des frais d'assurance très élevés.

Au-dessus de 4 % de TAEG, il vaut mieux oublier l'immobilier à crédit. Mais pas forcément l'immobilier. Car même si l'année 2023 a été mauvaise pour la pierre, l'immobilier reste un placement incontournable de la gestion de patrimoine. C'est même le placement le plus performant des quinze-vingt dernières années, à égalité avec les actions, mais beaucoup moins volatil.

L'investissement à crédit n'est pas le seul moyen d'investir en immobilier avec une capacité d'épargne relativement limitée. Vous pouvez investir en direct, avec des versements programmés, dans des parts de SCPI accessibles pour quelques centaines d'euros. Pour limiter la fiscalité, surtout si vous avez une tranche marginale d'impôt élevée, vous avez plusieurs possibilités :

— privilégier les SCPI européennes, moins fiscalisées ;

— investir en nue-propriété de parts de SCPI. Pendant dix ou quinze ans, vous ne recevez aucun loyer (mais vous ne subissez donc aucune imposition). Mais vous achetez les parts avec une décote (entre 30 et 35 %) et vous bénéficierez des loyers au bout de dix ou quinze ans, donc au moment de votre retraite ;

— investir dans l'enveloppe de l'assurance-vie ou du PER (dans ce cas, c'est la fiscalité de l'enveloppe qui s'applique).

La SCPI est donc un excellent moyen d'investir une part de son allocation en immobilier, aux côtés d'autres placements comme les actions ou les obligations. En attendant peut-être de voir les taux baisser à nouveau et d'envisager un nouveau crédit…

Conclusion :
La feuille de route des plus 55 ans (jusqu'au départ à la retraite)

On fait son bilan retraite et l'on calcule sa future pension.
On remplit son PER et/ou son assurance-vie pour compenser la perte de revenus à la retraite.
On ouvre un PEA si l'on est intéressé par la Bourse et les valeurs et si l'on a du temps pour gérer un portefeuille.
On diversifie ses placements financiers avec de l'immobilier, *via* des SCPI, dans un cadre fiscal avantageux (SCPI européennes, nue-propriété, assurance-vie ou PER).

Questions à Éric Girault, président-directeur général de Meilleurstaux placement,

La retraite des Français est-elle en danger ?
Oui, elle est en danger, notamment par le cumul de deux éléments. 1. L'allongement de l'espérance de vie qui crée un déséquilibre croissant entre les actifs et les inactifs : il y a aujourd'hui 15,9 millions de retraités en France, soit 1 retraité pour 1,7 actif, et ce ratio continue à se dégrader. 2. Le changement d'habitudes des Français, qui ont notamment des carrières de moins en moins linéaires, avec de plus en plus de coupures, de changements de vocation, qui affectent directement le montant de leur future pension. Tous ces facteurs induisent une tendance de fond : la baisse progressive des pensions versées par les régimes obligatoires (– 50 % pour les salariés et – 25 % pour les fonctionnaires). Et donc la nécessité de se préparer le plus tôt possible afin d'essayer de conserver le niveau de vie que l'on a en étant actif.

Comment peut-on « sauver sa retraite » ?
Il n'y a pas de secret : pour « sauver » sa retraite, il faut travailler, économiser, et épargner. Et il faut surtout s'y prendre le plus tôt possible. Les Français ne s'occupent pas assez de la préparation de leur retraite, et quand ils y pensent c'est souvent un peu tard, à l'approche de leurs 60 ans, alors qu'ils devraient y penser dès 40 ans. Nous devons prendre conscience le plus tôt possible que la retraite par répartition ne sera pas suffisante

et qu'il est impératif de se constituer soi-même un complément de retraite, en ayant à l'esprit que plus on s'y prend tôt, moins l'effort d'épargne sera douloureux.

Doit-on donner la priorité à l'acquisition de sa résidence principale pour sauver sa retraite ?
Être détenteur de sa résidence principale est clairement un atout pour les futurs retraités, qui ne devront pas s'acquitter d'un loyer. Mais ce n'est pas la seule solution pour préparer sa retraite. Ceux qui ne peuvent pas acquérir leur résidence principale, parce qu'ils n'en ont pas les moyens et sont bloqués par le durcissement des conditions de crédit, et ceux qui veulent garder une certaine mobilité géographique ont d'autres solutions, immobilières ou financières, pour préparer leur retraite.

Quels placements conseillez-vous de privilégier pour préparer sa retraite ?
Il y a bien sûr l'immobilier et l'assurance-vie, largement plébiscités par les Français pour leurs placements de long terme. Mais il y a surtout le PER, le plan d'épargne retraite, qui connaît un large succès depuis son instauration en 2019 : trois ans après son lancement, plus de 6 millions de personnes détenaient un PER alors que l'objectif du gouvernement était de 3 millions. Et l'objectif de 50 milliards d'euros d'encours pour fin 2022 a été également largement dépassé avec 70 milliards d'euros à fin juin : 13,6 milliards pour les PER d'entreprise et 43,6 pour les PER individuels. Les raisons de ce succès sont multiples : le PER s'adresse à tous, et propose d'unifier et donc de simplifier les anciens dispositifs d'épargne retraite

(Perp, Madelin, Préfon, Corem, article 83…). Il y a bien sûr l'avantage fiscal offert à l'entrée, auquel les contribuables français sont toujours très sensibles, et il y a enfin la liberté de choix : la possibilité de sortie en capital ou en rente, la possibilité de transférer vers un autre contrat, la possibilité de récupérer son épargne avant le terme en cas d'achat de sa résidence principale, ou encore la possibilité de transmettre le capital sans droit de succession avec un régime proche de celui de l'assurance-vie. N'oublions pas néanmoins quelques limites, notamment le blocage des sommes jusqu'à la retraite, sauf cas particulier, la fiscalité à la sortie qui peut parfois être aussi élevée que le gain fiscal à l'entrée et qui limite donc l'intérêt fiscal (même si cet argent aura quand même travaillé pendant plusieurs années), et enfin les frais qui sont parfois excessifs sur certains plans, d'où la nécessité de bien sélectionner.

Donnez-nous quelques tuyaux pour optimiser les placements dans un PER.

Il faut avant toute chose sélectionner minutieusement l'intermédiaire chez qui ouvrir un PER. En privilégiant, bien sûr, un PER sans frais d'entrée et avec les frais de gestion au plus bas. Soyez également attentif à la quantité et à la qualité des supports proposés sur le plan. Il faut évidemment un bon fonds en euros, sûr, performant et accessible sans contrainte. Et il faut, idéalement, une bonne quantité de supports diversifiés pour investir en actions, en obligations, en immobilier *via* la pierre-papier, ou encore en fonds d'investissement diversifiés ou « à formule » (produits structurés). Veillez aussi à ce qu'il n'y ait aucun frais d'arbitrage si vous voulez changer les supports. Enfin, il est crucial de bénéficier d'un accompagnement pour gérer votre épargne dans la durée, surtout si vous n'avez ni le temps, ni la fibre financière pour vous en occuper. Un conseiller disponible est donc un atout considérable, comme l'est une bonne gestion pilotée qui vous permet de déléguer les choix des supports selon votre profil et selon le contexte économique. Enfin, une fois que vous avez trouvé le bon PER, vous devez absolument faire deux choses :

— mettre en place un versement programmé d'au moins quelques centaines d'euros par mois ;

— rapatrier votre épargne retraite déjà constituée (retraite Madelin, PER, Prefon, Corem…) dans ce PER, afin de pouvoir gérer toute son épargne retraite dans un seul et même contrat avec un accès en ligne, une offre de gestion complète, sans compter la possibilité de bénéficier à terme d'une sortie en capital.

7

L'épargne pour les retraités

Vous êtes déjà à la retraite.

La bonne nouvelle, c'est que vous devriez échapper à l'écroulement du système. Vous êtes passé juste avant le cataclysme.

La mauvaise nouvelle, c'est qu'on vous jalouse pour cela et que vous allez être assiégé. On va tenter de reprendre une partie de ce qu'on vous a donné. Le gouvernement d'abord, qui va petit à petit accroître la pression fiscale sur vos revenus et votre capital. Mais, plus grave, les générations suivantes aussi, au sein même de votre famille peut-être.

Comment gérer vos économies ?

Tout dépend de votre âge.

Il est clair que la situation d'un jeune retraité qui a peut-être vingt à trente ans d'espérance de vie devant lui, et celle d'un retraité senior de 85 ou 90 ans ne peuvent pas être traitées de la même façon.

Quel que soit votre âge cependant, la priorité, c'est la sécurité. La solidité de l'établissement ou des établissements dans lesquels sont vos économies doit être votre souci majeur. Ne vous laissez pas embarquer dans des offres alléchantes si vous avez un risque en matière de sécurité de la banque, de la compagnie d'assurances ou de la société de gestion.

En quoi votre situation est-elle différente ?

Sauf si vous continuez à exercer une profession ou à diriger une entreprise en plus de votre retraite, vos seuls revenus sont votre retraite et les revenus de votre patrimoine. Le sujet n'est donc plus d'épargner une partie de vos revenus du travail mais de faire fructifier votre patrimoine tout en le protégeant. Faire fructifier et protéger : trouver le juste équilibre entre risque et rendement.

Priorité donc à :

— la sécurité bien sûr, comme on vient de le voir en matière de choix des partenaires financiers ;

— un bon équilibre risque/rentabilité. Si vous êtes un jeune retraité, vous devez prendre des risques. Des risques maîtrisés certes, mais des risques tout de même. Sauf à avoir accumulé un patrimoine important, il est probable que le rendement du livret A et même d'un fonds en euros d'un contrat d'assurance-vie ne suffise pas à couvrir vos besoins. Il va donc falloir accepter une dose de risque, notamment dans le cadre de votre ou de vos assurances-vie. À 67 ans, vous devez encore avoir une part de fonds à « risque » dans vos contrats ;

— la tranquillité : même si vous devez accepter une part de risque, il faut privilégier la tranquillité. Pas question pour vous, sauf si cela vous passionne, de suivre au jour le jour un portefeuille d'actions : privilégiez des fonds gérés par des professionnels. Pas question non plus de vous lancer dans des opérations d'immobilier locatif où vous devrez courir après des locataires récalcitrants : privilégiez des opérations « packagées », organisées, gérées par des professionnels, en restant vigilant sur des frais de gestion qui sont parfois supérieurs à la rentabilité.

La « panoplie » financière du retraité, c'est donc des contrats d'assurance-vie avec une part très largement majoritaire en fonds euros et des livrets défiscalisés pour garder un volant de liquidités. C'est, ensuite, pour ceux qui en ont les moyens, des choix un peu plus audacieux comme le PEA, ou plutôt de l'immobilier locatif très ciblé.

L'immobilier à la retraite

L'immobilier représente la majorité du patrimoine des Français qui partent à la retraite. Et au vu des performances apportées, on comprend pourquoi les nouveaux retraités ne veulent pas vendre leurs biens immobiliers qui leur ont permis un bel enrichissement. Pourtant, alors qu'investir en immobilier est une très bonne idée quand on est en phase d'accumulation, c'est moins le cas passé un certain âge.

Un placement trop contraignant

À la retraite, l'investissement immobilier perd beaucoup de ses avantages, mais pas ses défauts. Un bien immobilier, il faut s'en occuper. Il faut être bricoleur, et être prêt à faire face à des mauvaises surprises comme des gros travaux à réaliser ou un locataire qui ne paye plus son loyer. Tout cela coûte de l'argent, mais surtout prend du temps et de l'énergie. Avouez-le, à la retraite, vous ne comptez pas passer votre temps libre à réparer une chasse d'eau ou contacter un huissier pour expulser un locataire mauvais payeur. Vous préférez faire un beau voyage, ou multiplier les activités et les sorties avec vos petits-enfants. Mais pour cela il faut des liquidités et c'est l'autre gros inconvénient de l'immobilier. Il n'est pas liquide. Vous ne pouvez pas vendre un bien ou une partie d'un bien facilement pour vous payer un voyage… Inversement, avec un placement financier, il est beaucoup plus simple de faire des retraits pour faire face à une nouvelle dépense.

Alors, pour limiter les soucis de gestion et les problèmes de liquidité, les épargnants peuvent privilégier l'acquisition de parts de SCPI. Les SCPI ont pour objet l'acquisition et la gestion d'un patrimoine immobilier locatif. En pratique, les sommes versées par les souscripteurs sont destinées à l'achat d'un ou plusieurs biens immobiliers, à usage d'habitation ou d'immobilier d'entreprise. La gestion de ce patrimoine est confiée à une société de gestion qui se charge de le louer et de l'entretenir pour le compte des porteurs de parts. En contrepartie, elle leur reverse, sous forme de revenus réguliers, une quote-part des loyers encaissés à proportion de leurs droits dans la SCPI, après déduction des différentes charges (frais d'entretien, de gestion locative, travaux…).

Et, comparativement à un investissement immobilier classique, la mise de départ est beaucoup plus faible dans le cadre d'un investissement dans une SCPI. De plus, vous n'aurez pas à vous soucier de la gestion, puisque la société se charge de le louer et de l'entretenir pour le compte des porteurs de parts. L'associé n'a plus qu'à percevoir ses revenus !

L'autre avantage, et il est de taille, c'est que les SCPI permettent de mutualiser les risques et de diminuer ainsi le risque locatif.

En direct, à crédit, voire au sein d'un contrat d'assurance-vie, investir en SCPI vous épargne les contraintes de gestion liées à un investissement immobilier, tout en améliorant la liquidité de votre placement.

Une rentabilité loin d'être assurée

Revenu complémentaire rime avec pierre. L'investissement immobilier est généralement la solution privilégiée pour bénéficier d'un surplus de revenus. Avec un bien de 100 000 euros, on obtient ainsi des loyers d'environ 5 500 euros par an, soit une rentabilité locative de 5,5 %. 5,5 %, c'est très alléchant.

Mais la réalité est tout autre. Il s'agit tout d'abord d'une moyenne. À Paris, la rentabilité locative se situe aux alentours de 3,5 %, alors qu'elle est de plus de 6 % dans des villes comme Rouen ou Strasbourg. Par ailleurs, il ne s'agit que des loyers. Vous devez déduire de ces loyers de nombreuses charges (charges de propriété, travaux, frais de mise en gestion, taxes et impôts, etc.). En additionnant tous ces frais, les revenus complémentaires deviennent bien moins attractifs. Il faut généralement diviser la rentabilité par deux, voire trois selon les cas. On se retrouve donc avec un rendement réel net compris entre 1 et 3 %.

L'immobilier n'est donc pas toujours rentable. On peut bien sûr espérer une plus-value, mais cela ne représente pas vraiment le complément de revenus que l'on recherche à la retraite, et ce n'est pas comme si l'on pouvait vendre de temps en temps quelques briques de son bien en cas de besoin de liquidités.

À la retraite, vous êtes également débarrassé de votre crédit. Mais sans crédit, la fiscalité devient beaucoup plus lourde. Prélèvements sociaux, impôt sur le revenu, IFI et taxe foncière, l'immobilier est le placement le plus imposé de France. Vos revenus si attractifs risquent alors de fondre comme neige au soleil. À l'inverse, dans un placement financier comme une assurance-vie (sur lequel vous pouvez mettre de la pierre-papier, qui rapporte 3 ou 4 %), vous bénéficiez d'une fiscalité très douce, donc d'un rendement net supérieur.

Prenons un exemple concret : vous avez un bien immobilier (environ 500 000 euros) et vos revenus fonciers (ex. des loyers de 1 450 euros par mois, nets de charges) seront imposés à l'IR (plus les prélèvements sociaux). L'impôt à payer serait donc compris entre 3 000 et 10 000 euros par an, ce qui donne une rentabilité comprise entre 3 % et 1,5 %. Sans compter l'éventuel impôt sur la fortune immobilière.

Le lourd passif de la transmission immobilière

Quoi de plus naturel, quand on a un patrimoine immobilier qui nous a tant enrichis, de vouloir le transmettre à son décès pour que conjoint et enfants continuent d'en profiter ? Les héritiers bénéficieront ainsi de la rente immobilière. De plus, dans le cas où le bien est en forte plus-value, qui n'est pas encore exonérée par les abattements (vingt-deux ans pour les plus-values et trente pour les prélèvements sociaux), la transmission permet tout bonnement d'effacer la plus-value, puisque celle-ci n'est pas imposée au décès, et le prix de revient pour les héritiers sera le prix évalué au moment de la transmission.

Mais attention aux conflits ! La présence de biens immobiliers dans la succession est sans aucun doute la plus grande source de conflits qui peuvent apparaître au moment du partage. En effet, un bien se divise mal. Même si vous avez plusieurs biens à partager, il est quasiment impossible de transmettre une valeur équitable à chaque enfant. Non seulement parce qu'il faudrait que chaque lot transmis ait la même valeur dans la succession, mais il faudrait aussi qu'ils aient la même valeur dans l'esprit des héritiers, pour éviter les disputes au moment du partage et les jalousies.

Dans la plupart des cas, les enfants se retrouvent donc en indivision sur le ou les biens. Cette situation est particulièrement conflictuelle. Les enfants, qui ne sont en fait plus des enfants, mais souvent quinquas ou retraités au moment du deuxième décès, n'ont pas tous les mêmes objectifs patrimoniaux (un des enfants peut, par exemple, avoir un important besoin de liquidités et vouloir vendre le bien) et sont donc rarement d'accord sur le sort à réserver à ce bien en indivision. Ils sont aussi généralement mariés, donc il faut tenir compte de leur conjoint.

Or, l'indivision est particulièrement difficile à gérer. Les décisions importantes nécessitent l'unanimité, ou dans certains cas, la majorité des 2/3. L'indemnité d'occupation due par l'indivisaire qui occupe le bien ou la récupération des sommes avancées par un indivisaire pour effectuer des travaux urgents peuvent être sources de conflits, mais la plus courante reste la décision de vente du bien. En principe, nul n'est tenu à l'indivision. Ce qui signifie qu'un seul indivisaire peut provoquer la vente. Mais dans la pratique, la procédure est très longue et coûteuse : déclaration d'intention de vendre au notaire, réponse des indivisaires, procès-verbal si un indivisaire refuse, recours au tribunal de grande instance, contestation au titre du préjudice moral, etc. Est-ce vraiment ce que vous voulez pour vos enfants ? D'autant plus qu'une fois autorisée, la vente se fera par licitation, c'est-à-dire aux enchères devant un notaire, ou à défaut devant le tribunal. Une vente qui ne garantit pas l'obtention du meilleur prix…

Si les héritiers décident de vendre le bien, rien ne leur garantit donc d'obtenir un bon prix, surtout s'ils sont pressés. Par exemple, s'ils ont besoin de liquidités pour payer la succession. Car une succession immobilière est très coûteuse : acte notarié, droits et taxes d'enregistrement et de publicité, émoluments du notaire et droits de succession. Un enfant qui reçoit en héritage un bien de 300 000 euros peut être amené à payer des droits et frais de l'ordre de 50 000 euros. Une somme considérable, qu'il n'a peut-être pas...

L'assurance-vie-retraite

Plus que l'immobilier, l'assurance-vie est le placement idéal à la retraite. Il s'agit d'un véritable outil patrimonial qui permet de retirer librement un complément de revenus, tout en minimisant la fiscalité. Vous adaptez vos retraits à vos besoins et gérez donc votre capital en toute sérénité. L'assurance-vie permet de sécuriser son patrimoine en fonds en euros et de diversifier ses placements sur d'autres supports.

Vous pensez que l'assurance-vie est bien moins rentable que l'immobilier ? Il est pourtant possible d'investir en immobilier *via* son contrat d'assurance-vie, sur des SCPI ou des SCI, qui offrent des rendements très attractifs (autour de 4 ou 5 %), et surtout, avec une fiscalité bien plus douce.

D'un point de vue fiscal, seule la part de gains comprise dans le retrait est imposée (le reste est considéré comme provenant des versements, non imposés), et pour les contrats de plus de 8 ans, après un abattement de 4 600 euros pour une personne seule ou 9 200 euros pour un couple.

Reprenons notre exemple.

Scénario 1 : Vous avez un bien immobilier (environ 500 000 euros) et vos revenus fonciers (ex. : des loyers de 1 450 euros par mois, nets de charges) seront imposés à l'IR (plus les prélèvements sociaux). L'impôt à payer serait donc compris entre 3 000 et 10 000 euros par an, ce qui donne une rentabilité comprise entre 3 % et 1,5 %. Sans compter l'éventuel impôt sur la fortune immobilière.

Scénario 2 : Si vous placez ces 500 000 euros en assurance-vie et que vous faites des retraits de 1 450 euros par mois sur ce contrat, seule la partie intérêts de ces retraits sera imposée. Si vous avez 5 % de gain sur votre contrat la première année, seuls 70 euros environ par retrait seraient considérés comme des gains, donc imposés. L'impôt à payer serait donc au maximum de 420 euros pour un an. Donc plus de vingt fois moins que sur des loyers…

À noter : depuis 2018, l'ISF a été remplacé par l'IFI. Seuls les biens immobiliers sont concernés par cet impôt. L'assurance-vie (sauf la part investie en SCPI) échappe donc à l'impôt sur la fortune.

L'assurance-vie, au-delà d'être un placement adapté pour faire fructifier un capital et préparer sa retraite, est aussi un outil idéal pour préparer sa succession.

Les sommes transmises par assurance-vie sont considérées comme « hors succession ». Ce qui signifie qu'on peut transmettre sans tenir compte des règles de partage. Dans la pratique, la plupart des contrats d'assurance-vie sont cependant utilisés pour donner aux enfants, en utilisant les abattements pour diminuer les droits de succession.

Il est conseillé aux investisseurs particuliers de faire le plein d'assurance-vie avant 70 ans, pour profiter pleinement de l'abattement sur les droits de succession, de 152 500 euros par bénéficiaire. Au-delà, les sommes sont taxées à 20 %. Donc un parent peut ainsi transmettre 305 000 euros à deux enfants (ou d'autres proches), 457 500 euros à trois enfants, etc., en plus des abattements légaux sur les successions en ligne directe.

Si les abattements d'assurance-vie pour les enfants sont épuisés, il peut par exemple désigner les petits-enfants comme bénéficiaires. Les abattements sont illimités. S'il désigne 100 bénéficiaires, un épargnant peut donc transmettre 15 250 000 euros *via* l'assurance-vie sans payer de droits de succession.

Une fois que vous avez profité au maximum de l'abattement de 152 500 euros par bénéficiaire, il n'y a plus d'intérêt successoral à verser dans une assurance-vie... jusqu'à 70 ans. Car, une fois passé 70 ans, vous ne bénéficiez plus de l'abattement de 152 500 euros, mais vous bénéficiez d'un nouvel abattement à hauteur de 30 500 euros par assuré, tous contrats confondus. Par ailleurs, pour les versements après 70 ans, seules les primes versées sont soumises aux droits de succession. Les gains, quel que soit leur montant, sont exonérés.

Une nouvelle carotte successorale bienvenue, d'autant plus qu'elles sont très rares passé 70 ans. Livret, PEA, immobilier... aucun autre placement n'offre d'abattement sur la succession après 70 ans. Dès 70 ans, il faut donc absolument verser 30 500 euros sur un contrat d'assurance-vie.

Les autres placements pour les retraités

Les « livrets retraite »

Le patrimoine qu'un épargnant a construit tout au long de sa vie active n'a pas pour objectif de lui créer du stress lors de la retraite. Il doit au contraire lui apporter de la sérénité. Il privilégiera donc les placements sûrs, quitte à limiter la performance, et surtout les placements liquides, permettant de faire face aux importants besoins à la retraite, que ce soit des dépenses contraintes ou des loisirs. À la retraite, le senior n'a généralement plus l'envie de gérer des placements financiers ou immobiliers complexes.

Pour ces raisons, les livrets d'épargne sont tout à fait adaptés pour la gestion de l'épargne du retraité. Leur qualité principale ? L'extrême liquidité. Vous avez une dépense imprévue ? Vous pouvez faire un transfert de votre livret vers votre compte courant. Si ces deux comptes sont à la même banque, le transfert devrait se faire instantanément. Au pire, vous aurez l'argent le lendemain sur le compte.

Les livrets sont également très simples à comprendre, le taux de rémunération étant connu à l'avance. Et avec la hausse de l'inflation et des taux appliqués par les banques centrales, la rémunération des livrets a nettement augmenté ces derniers mois. Elle est parfois supérieure à ce qu'on peut espérer avec un placement en assurance-vie, en actions ou en immobilier. Alors que les livrets sont plus sûrs et plus liquides ! C'est une opportunité qui risque de ne pas durer éternellement et dont il faut donc profiter.

Certains livrets de banque offrent du 3 ou 4 %. Mais attention, ces intérêts sont soumis au barème progressif de l'impôt sur le revenu. Mieux vaut alors être peu ou pas imposé. Si c'est votre cas, vous pourrez surtout profiter du placement le plus attractif du moment, le LEP (livret d'épargne populaire), qui rapporte 6 % net de tout impôt ! Mais ce livret est destiné aux personnes peu ou pas imposées.

Pour les autres, il faut finalement privilégier le bon vieux livret A. Avec un taux de 3 %, net d'impôt, ce qui le rend aujourd'hui très compétitif par rapport à tous les placements. Les Français ne s'y trompent pas et le plébiscitent largement – il collecte chaque année des milliards d'euros et culmine aujourd'hui à 400 milliards d'euros. Sur ces 400 milliards, 1/3 est détenu par les plus de 65 ans. Un vrai livret d'épargne retraite.

Des actions – pour le rendement ou pour transmettre ?

À 70 ans, ce n'est pas maintenant que vous allez prendre des risques avec votre patrimoine pour faire du *trading* sur des actions et réaliser des coups boursiers. Tous les livres, les conseils des experts ou encore les recommandations de l'AMF sont formels : après 70 ans, la part d'actifs à risque dans votre portefeuille doit être réduite au strict minimum.

Pourtant, selon le site boursier.com, les plus de 65 ans représentent 48,3 % des encours des portefeuilles boursiers des particuliers français…

Comment expliquer un tel chiffre ? Tout d'abord, le patrimoine moyen des Français est plus élevé à 65 ans qu'à 55 ou 45 ans. Ils ont donc cette capacité à être diversifiés. Il y a, bien sûr, l'actionnariat salarié et dirigeant qui constitue une grande part de l'actionnariat en France. Il y a aussi le rendement espéré des actions, le dividende, qui permet de se constituer un complément de revenus à la retraite. Il y a, enfin et surtout, le désir de transmettre aux générations suivantes : « Cette action, je vais la transmettre à mes enfants ou mes petits-enfants. » Un discours qu'on entend de la bouche de nombreux actionnaires seniors. Ils ne vont jamais vendre leurs titres. Parce qu'ils croient au potentiel, non pas à court terme, mais à très long terme. Et ils veulent que leurs enfants ou leurs petits-enfants profitent de leur flair sur ces investissements. Le senior privilégiera donc des valeurs de croissance (*growth*), des petites capitalisations ou encore des valeurs technologiques. L'autre raison est fiscale. Tant qu'ils ne vendent pas, ils ne payent pas l'impôt sur la plus-value. Or, au moment de la transmission, l'héritier qui reçoit un portefeuille d'actions enregistre comme prix de revient le prix au moment de la transmission, et non le prix au moment de l'acquisition par le donataire. La plus-value a disparu. Elle ne sera jamais imposée. Dès lors que l'imposition n'est pas un sujet, le compte titres est l'enveloppe idéale, car contrairement au PEA, il peut être transmis tel quel.

Le PER, aussi pour les retraités

L'objectif principal poursuivi avec l'ouverture d'un PER, c'est la préparation de la retraite. Durant votre carrière professionnelle, vous mettez de l'argent de côté afin de le faire travailler puis vous le débloquez une fois à la retraite (hors cas particuliers de déblocage anticipé, dont celui pour l'achat de la résidence principale), en rentes viagères ou en capital. Ce dernier point constitue l'un des atouts majeurs du PER par rapport à ses prédécesseurs (PERP, Madelin) puisqu'il vous permet de sortir à 100 % en capital, en une ou plusieurs fois. Le déblocage de l'épargne retraite est cependant fiscalisé, en écho à l'avantage fiscal dont vous bénéficiez sur les versements.

Car c'est là l'autre avantage du PER : vos versements sont déductibles de vos revenus d'activité imposables. Ce mécanisme vous permet de générer une économie d'impôt variable en fonction de votre taux marginal d'imposition (TMI). Même les retraités sont concernés par cette déduction : un épargnant retraité peut ainsi verser sur son PER des versements déductibles de son revenu.

Certes, s'il fait un versement et un retrait la même année, l'avantage fiscal est annulé puisque le retrait sera imposé. L'intérêt pour le retraité est donc de laisser les sommes fructifier pendant au moins quelques années dans son PER.

Mais verser de l'argent dans un PER est surtout intéressant pour un retraité qui n'a pas besoin de ce capital et compte le transmettre à ses héritiers. Car sans retrait, pas de fiscalité à la sortie. Le PER paraît dans ce cas bien plus avantageux que l'assurance-vie. Les sommes bénéficient ainsi d'une réduction d'impôt pour l'épargnant, et d'un abattement sur les droits de succession pour les enfants ; il peut même n'y avoir aucun droit de succession si elles sont transmises au conjoint survivant.

La transmission d'un PER fait en effet l'objet d'abattements fiscaux, en fonction de l'âge du décès du souscripteur. En cas de décès avant 70 ans, l'épargne investie dans un PER n'ayant pas été débloquée bénéficie d'un abattement de 152 000 euros par bénéficiaire, partagé entre tous les contrats d'assurance vie et PER transmis à celui-ci. Au-delà, les sommes sont taxées à 20 % jusqu'à 700 000 euros puis à 31,25 % au-delà.

Si le décès intervient après 70 ans, ce qui sera le plus souvent le cas, l'abattement est réduit à 30 500 euros par contrat pour l'ensemble des bénéficiaires désignés. Au-delà, ce sont les droits de succession de régime commun qui s'appliquent, après prise en compte des abattements prévus en fonction du lien de parenté (enfant, petit-enfant, etc.) si ces derniers n'ont pas été épuisés. À noter que les intérêts générés par votre épargne investie sur un PER ne sont pas exonérés de fiscalité, ce qui constitue une différence significative avec le régime réservé à l'assurance-vie pour les versements réalisés après 70 ans.

Autrement dit, la transmission d'un PER fera certainement l'objet d'une ponction fiscale, sauf si le bénéficiaire désigné est le conjoint, puisqu'une exonération de droits de succession s'applique à ce cas précis. Néanmoins, l'impôt sur la transmission s'avère moins élevé que celui applicable à un déblocage de son vivant, et c'est là tout l'intérêt de l'opération.

Au final, un retraité qui détient à la fois un contrat d'assurance-vie et un PER aura un intérêt certain à privilégier en premier lieu l'assurance-vie pour ses retraits, et le PER pour d'éventuels versements, mais aussi les enfants comme bénéficiaires de l'assurance-vie, et le conjoint survivant pour le PER. Une optimisation qui peut rapporter beaucoup…

Le contrat de capitalisation, pour compléter l'assurance-vie

Le contrat de capitalisation est un produit calqué sur l'assurance-vie. Il offre donc les mêmes avantages fiscaux (au moment des retraits) et financiers (fonds euros, OPCVM, SCPI, etc.). D'ailleurs, de nombreux assureurs proposent un même contrat sous forme « assurance-vie » et sous forme « capitalisation ».

La seule différence se situe au moment du décès. Dans le cas d'un contrat de capitalisation, pas de clause bénéficiaire. Les sommes sont intégrées à la succession du défunt. C'est certes moins avantageux que l'assurance-vie, mais cela peut venir compléter une transmission lorsque les abattements de l'assurance-vie ont été atteints, en utilisant donc les abattements classiques sur les successions (ex. : 100 000 euros par enfant).

Ainsi, lorsque le capital placé en assurance-vie dépasse la somme des abattements octroyés, il est conseillé d'ouvrir un contrat de capitalisation, afin de bénéficier des mêmes avantages financiers et fiscaux, mais d'un avantage successoral supplémentaire.

Comme tout placement financier, le contrat de capitalisation se divise facilement. Vous avez trois enfants et un capital de 200 000 euros à transmettre ? Vous pouvez placer 66 666,67 euros sur trois contrats que vous léguerez à votre décès. Bien plus simple qu'un placement immobilier. En cas d'indivision sur un contrat entre plusieurs héritiers, il est également très simple d'en sortir : ceux qui le souhaitent n'ont qu'à réaliser un retrait.

Un des atouts du contrat : les héritiers peuvent, s'ils le désirent, conserver le contrat comme tel et donc bénéficier de son ancienneté (et notamment la fiscalité douce sur les retraits si le contrat a plus de huit ans). Comme pour une transmission de compte titres, la valeur retenue pour calculer la base taxable au moment du rachat du contrat est celle retenue lors de la succession. Le gain latent est donc purgé au moment du décès.

Pour transmettre à son décès un contrat de capitalisation en limitant au minimum les droits de succession, la solution idéale est de donner de son vivant à chaque enfant (ou un proche) la nue-propriété du contrat. En faisant cela, le donateur ne se démunit pas vraiment. En effet, quand il s'agit d'une somme d'argent ou d'un placement financier, l'usufruitier a le droit (sauf mention explicite) de toucher les intérêts, mais aussi de retirer tout ou partie du capital investi. Il peut toujours gérer son contrat comme bon lui semble et faire des retraits sans limites.

Les droits de donation seront en plus limités, car seule la nue-propriété du capital transmis sera soumise aux droits de succession. Il y a donc une décote, qui dépend de l'âge de l'usufruitier au moment de la donation. S'il a entre 91 et 100 ans, la nue-propriété est égale à 90 % de la valeur du bien. Cela descend à 80 % entre 81 et 90 ans, 70 % entre 71 et 80 ans et 60 % entre 61 et 70 ans. Par exemple, un parent de 69 ans donne à un enfant ou un proche un contrat d'une valeur de 500 000 euros : seuls 300 000 euros seront soumis aux droits de donation. Le donateur peut bien entendu utiliser les abattements sur les donations renouvelables tous les 15 ans.

Et au décès du donateur, aucun droit de succession ne sera pris sur le contrat. Le nu-propriétaire récupère le contrat sans payer de droits de succession. Si tout ou partie des sommes a été retiré par l'usufruitier, le nu-propriétaire peut recouvrer sa créance sur le reste de la succession.

Au décès, les nus-propriétaires récupèrent chacun une somme d'argent. Il n'y a donc pas de problème lié à l'indivision, ce qui pourrait être le cas avec un bien immobilier.

La protection du conjoint

Vous êtes en couple. Tant mieux pour vous. C'est plus agréable de profiter de la retraite à deux que seul. Mais vous allez un jour devoir partir et laisser votre conjoint seul. Partir pour de bon… Nous voilà encore à jouer les rabat-joie, désolé. Mais le sujet est important aussi. Monsieur, compte tenu de la différence d'espérance de vie entre hommes et femmes, il y a plus de risques que vous laissiez votre conjointe seule… Mais tout est possible. Alors préparez-vous, Madame, aussi.

Les droits du conjoint et du partenaire du Pacs

Lors du décès de son partenaire, avant même la liquidation du régime matrimonial (voir ci-après), le conjoint survivant bénéficie de plusieurs droits.

Il dispose en premier lieu d'un droit de jouissance sur le bien, pendant au moins un an : il a le droit de rester dans les lieux, même si le couple était locataire et que le bail a été conclu au seul nom du défunt. Certes, il faudra bien entendu payer les loyers, mais pendant l'année qui suit le décès, il peut demander leur remboursement sur la succession.

Dans le cas où le couple était propriétaire de la résidence principale, le conjoint survivant (mais pas le partenaire de Pacs) a le droit d'habiter dans le logement à vie (même si le défunt était seul propriétaire du bien). Si le bien était détenu en indivision par le défunt et d'autres personnes (mais pas le conjoint survivant), alors ce dernier bénéficie du droit d'habiter dans le logement pendant un an après son décès.

L'époux ou le partenaire bénéficie également d'un capital décès lorsque le conjoint était en activité. S'ils étaient mariés, le conjoint survivant bénéficie en plus d'une pension de réversion. La pension de réversion correspond à une partie de la retraite dont bénéficiait ou aurait pu bénéficier l'assuré décédé. Le montant de la pension (environ 50 % de la retraite dont bénéficiait ou aurait pu bénéficier le défunt) et les conditions pour la recevoir (âge minimal, plafond de ressources, etc.) dépendent du régime auquel le défunt était affilié.

Dans le cas de placements financiers convertibles en rente (PER, PEA, etc.), il est possible, au moment de la conversion en rente, d'opter pour une rente réversible au conjoint survivant, partenaire de Pacs, aux héritiers, ou même à une personne avec laquelle vous n'êtes ni marié ni pacsé (votre concubin, un frère, une sœur…). La rente peut également être « avec annuités garanties », ce qui permet de fixer un nombre minimal d'années pendant lesquelles la rente serait versée aux héritiers en cas de décès. Mais une rente réversible ou « avec annuités garanties » sera naturellement inférieure à une rente simple.

Enfin, en cas de donation de son vivant à son époux ou partenaire de Pacs, celui-ci bénéficie d'un abattement de 80 724 euros pour le calcul des droits de succession (mais il n'y a aucun droit à payer sur les sommes transmises au décès au conjoint survivant ou, par testament, au partenaire de Pacs).

La liquidation du régime matrimonial

Dans toute succession, la première étape consiste à déterminer l'actif successoral, c'est-à-dire le patrimoine du défunt à son décès. Lorsque le défunt était marié, il faut donc déterminer les actifs qui appartenaient à chacun des époux. L'époux va donc récupérer une partie des biens du couple, mais il aura également des droits sur l'actif successoral, en fonction des règles légales et des dispositions particulières prises par le défunt.

Pour un couple, la succession au premier décès est une fusée à deux étages. Au premier étage de la fusée, il faut d'abord définir les biens qui entrent dans la succession et ceux qui restent la propriété du conjoint survivant.

Si vous ne faites pas de contrat de mariage, vous serez soumis au régime de la communauté de biens réduite aux acquêts, dit « régime légal ». C'est le régime légal français depuis le 1er juillet 1966. Le terme « acquêts » renvoie aux biens acquis au cours du mariage. En d'autres termes, à compter de votre mariage, tous les biens acquis seront communs aux deux époux, même si un seul d'entre eux paye. De même, les gains et salaires sont des biens communs. Les comptes bancaires sont également considérés comme des biens communs, peu importe qu'ils soient ouverts au nom de l'un ou l'autre des époux, ou qu'ils soient joints. Les biens acquis avant le mariage restent propres à l'époux qui les a payés. De même, les biens reçus par succession ou par donation, au cours du mariage, demeurent propres à l'époux qui les reçoit. Les dettes relatives à ces biens demeurent également propres à l'époux qui en est le propriétaire.

La communauté universelle est le régime communautaire poussé à l'extrême, puisque dans ce cas, tous les biens des époux sont communs, il n'y a plus de notion de bien propre, sauf clause contraire du contrat. Le contrat peut également prévoir une « clause d'attribution intégrale de la communauté ». Cette clause prévoit alors que le conjoint survivant récupère la totalité de la communauté, hors succession.

Dans un régime séparatiste (ex. : séparation de biens), il n'existe en revanche aucun patrimoine commun aux époux. Tous les biens acquis au cours du mariage restent la propriété de celui qui les a achetés. Il est fréquent que des époux mariés sous le régime de la séparation de biens achètent des biens ensemble au cours du mariage. Les biens seront alors indivis entre eux, en proportion des parts acquises.

C'est ainsi qu'avant le partage de l'actif successoral du défunt, le conjoint survivant reçoit, hors succession, « sa » part du patrimoine qui appartenait au couple : ses biens propres, bien sûr, mais aussi la moitié de la communauté (pour les régimes communautaires) ou la moitié des biens indivis (pour les régimes séparatistes).

Exemple : Jean-Pierre et Jeanine sont mariés sous le régime de la communauté réduite aux acquêts. Jean-Pierre a hérité d'un petit pavillon de ses défunts parents d'une valeur d'environ 100 000 euros (qui est donc un bien propre). Le couple est propriétaire de sa résidence principale (estimée à 550 000 euros) ainsi que d'un studio qu'ils mettent en location (estimé à 90 000 euros), tous deux acquis pendant le mariage, qui constituent donc des biens communs. Ils ont aussi chacun un livret A de 10 000 euros. Jeanine dispose par ailleurs de 20 000 euros dans un contrat d'assurance-vie qu'elle avait avant le mariage.

Au décès de Jean-Pierre, Jeanine récupère hors succession la moitié de la communauté :

- moitié de la résidence principale : 275 000 euros ;
- moitié du studio : 45 000 euros ;

- moitié des livrets : 10 000 euros ;
- contrat d'assurance-vie en propre : 20 000 euros.

L'actif successoral se compose du bien en propre et de la moitié de la communauté, soit :

- pavillon : 100 000 euros ;
- moitié de la résidence principale : 275 000 euros ;
- moitié du studio : 45 000 euros ;
- moitié des livrets : 10 000 euros.

Concernant le Pacs, si rien n'est précisé dans la convention, le couple est soumis au régime de la séparation des biens. Chaque partenaire conserve la propriété des biens qu'il détenait avant la conclusion du Pacs et qu'il acquiert au cours du Pacs. Les partenaires peuvent opter pour le régime de l'indivision des biens : dans ce cas, les biens qu'ils achètent, ensemble ou séparément, à partir de l'enregistrement du Pacs ou de sa modification, appartiennent alors à chacun pour moitié (sauf biens à caractère personnel, acquis avec des fonds propres ou reçus d'un héritage). En revanche, le partenaire de Pacs n'est pas considéré comme un héritier et, sans disposition particulière, il ne récupère rien sur l'actif successoral du défunt.

Le partage de la succession

Sur l'actif successoral du défunt, sauf disposition contraire, les droits du conjoint dépendent de la présence ou non d'enfants.

Lorsqu'il n'y a pas d'enfant, le conjoint survivant est considéré comme « héritier réservataire ». Il doit alors recevoir au moins un quart de l'actif successoral, même lorsque le défunt a pris des dispositions particulières (testament). Sans disposition, le conjoint survivant reçoit alors la moitié des biens si le défunt laisse ses deux parents en vie (qui reçoivent donc l'autre moitié), 75 % si un seul parent est vivant et 100 % si les deux parents sont décédés.

En présence d'enfants, le conjoint survivant n'est pas « héritier réservataire » (il peut être déshérité par testament). S'il y a des enfants nés d'une précédente union, il n'a droit qu'à 1/4 des biens en pleine propriété. Autrement, le conjoint survivant aura le choix entre 100 % des biens du défunt en usufruit viager ou 1/4 des biens en pleine propriété. L'usufruit correspond au droit d'utiliser l'actif (vivre dans le bien immobilier, conduire la voiture, dépenser l'argent) et le droit d'en percevoir les fruits (mise en location, intérêts d'un compte).

Dans de très nombreux cas, le conjoint se retrouve donc usufruitier de biens dont les enfants sont nus-propriétaires. Une situation pas toujours confortable, notamment dans le cas de la résidence principale. En effet, beaucoup de couples pensent que la résidence principale, appartenant à la communauté, est entièrement récupérée par le conjoint survivant au premier décès. C'est très rarement le cas. Ce « partage » de la résidence principale induit la nécessité de demander à ses enfants leur accord sur la vente de ce bien, ainsi que le partage du prix entre le parent survivant et les enfants. Même si les enfants sont souvent, naturellement, bienveillants avec le conjoint survivant, être en démembrement avec ses enfants reste extrêmement inconfortable :

— à 80 ans, lorsque les enfants ont la cinquantaine ou la soixantaine, l'autorité du conjoint survivant est très fragile ;

— les objectifs patrimoniaux des enfants sont souvent cruciaux à cet âge et peuvent être incompatibles avec ceux du conjoint survivant. Sans oublier ceux des beaux-enfants et des petits-enfants… ;

— les enfants ne sont pas tous dans la même situation, et gérer une indivision avec le conjoint survivant comme usufruitier peut créer beaucoup de désaccords entre les enfants.

Pour éviter cette situation, la donation au dernier vivant ou le testament ne sont souvent pas de bonnes solutions. La meilleure est de prévoir dans le contrat de mariage initial, ou ultérieurement, à l'occasion d'un aménagement du régime matrimonial, la faculté pour le conjoint survivant de prélever sur les biens communs, avant tout partage de succession, certains biens, dont la résidence principale. Cet avantage matrimonial est appelé « préciput ».

À noter : le conjoint survivant ne paye aucun droit de succession sur le capital transmis au décès de son époux.

La donation au dernier vivant

La donation au dernier vivant permet d'améliorer les droits de son conjoint dans la succession en lui donnant tout ou partie des biens qui composeront la succession en cas de décès.

En présence d'enfants, cette donation ne pourra toutefois porter que sur l'une des quotités disponibles spéciales permises entre époux, afin de préserver les droits des enfants, à savoir :

— 100 % en usufruit ;

— ou 1/4 en pleine propriété (ou 1/3 si le défunt laisse deux enfants, ou 1/2 si le défunt laisse un enfant) ;

— ou 1/4 en pleine propriété et 3/4 en usufruit.

Les enfants sont des héritiers particuliers qu'on ne peut déshériter totalement en France. Ils doivent donc recevoir leur part au décès du premier parent, et les droits du conjoint sont ainsi plafonnés à l'une de ces quotités.

Avant 2001, les donations entre époux jouaient un rôle particulièrement important pour la protection du conjoint survivant, puisqu'il ne recevait que 1/4 des biens de la succession en usufruit. Elles étaient donc nécessaires pour assurer des droits à son conjoint.

Mais la donation entre époux a grandement perdu son intérêt depuis la loi du 3 décembre 2001 portant sur la réforme des successions. En effet, depuis cette loi, le conjoint survivant dispose d'une option entre 1/4 de la succession en pleine propriété ou la totalité de la succession en usufruit (sauf s'il y a des enfants d'une autre union), ce qui vient très souvent se confondre avec les droits nés de la donation entre époux et diminue donc fortement son intérêt.

Le principal intérêt de la donation entre époux aujourd'hui est de protéger le conjoint en présence d'enfants non communs (car, dans ce cas, le conjoint n'a légalement le droit qu'à 1/4 des biens de son conjoint au décès).

Pour les autres couples, le seul intérêt de cette donation est d'offrir au conjoint survivant une troisième option lui offrant davantage de droits : 1/4 en pleine propriété et 3/4 en usufruit. Bien qu'intéressante, cette nouvelle option ne permet souvent pas d'allotir le conjoint survivant de la totalité de la résidence principale en pleine propriété (pour cela, il faudrait que sa valeur ne dépasse pas 1/4 de l'actif successoral).

Malheureusement, l'idée que la donation entre époux est suffisante pour protéger son conjoint reste ancrée dans l'imaginaire collectif, et beaucoup de couples s'estiment protégés en ayant conclu par le passé de telles donations, sans l'être complètement.

Le testament et l'assurance-vie

S'il est possible d'étendre les droits de son conjoint par voie de donation, il est également possible de le faire sous forme testamentaire. Toutefois, tout comme la donation, le legs prévu par testament au bénéfice de son conjoint ne doit pas excéder l'une des quotités disponibles spéciales entre époux. À défaut, les enfants se retrouveraient privés de la part du patrimoine de leur parent qui doit, selon la loi, impérativement leur revenir, plus communément appelée : « réserve héréditaire ». Si le legs prévu au bénéfice du conjoint dépasse l'une de ces quotités, les enfants sont libres d'en demander la réduction.

Le testament est surtout intéressant pour le partenaire de Pacs qui, sans disposition particulière, ne récupère rien sur l'actif successoral du défunt.

L'assurance-vie, au-delà d'être un placement adapté pour faire fructifier un capital et préparer sa retraite, est aussi un outil idéal pour préparer sa succession.

Les sommes transmises par assurance-vie sont considérées comme « hors succession », ce qui signifie qu'on peut les transmettre sans tenir compte des règles de partage. Grâce à la clause bénéficiaire, vous désignez librement le ou les bénéficiaires du capital placé sur le contrat. Vous pouvez donc avantager qui vous souhaitez (pacsé, concubin, cousin, ami[e], etc.), aux dépens d'autres héritiers (sans toutefois exagérer et déshériter un enfant).

L'assuré détermine librement le ou les bénéficiaires qui vont recevoir le capital versé dans un contrat d'assurance-vie. Ce capital n'entre pas dans la succession et n'est, en théorie, pas intégré pour calculer les parts réservataires minimales que doivent recevoir les héritiers. Cependant, un héritier qui s'estime lésé peut dénoncer les primes versées dans ce contrat et transmises à un bénéficiaire comme étant « manifestement exagérées » par rapport au patrimoine et aux revenus de l'assuré. Les éléments permettant d'établir le caractère exagéré d'une prime ne sont définis par aucun texte. Ils sont laissés à la libre appréciation de la justice, qui jouit, en la matière, d'un pouvoir souverain : c'est donc au cas par cas, en fonction des circonstances de chaque affaire, qu'une prime sera qualifiée ou non d'abusive, et réintégrée ou non dans la succession.

La clause bénéficiaire d'un contrat d'assurance-vie transmet le capital à « son conjoint, à défaut, les enfants ».

Dans un couple typique d'épargnants français, chaque membre détient un contrat d'assurance-vie, avec pour chacun une clause protégeant le conjoint. Cette somme s'ajoute, sans droits de succession, à la part légale que recevra le conjoint sur la succession. Une manière supplémentaire de protéger le conjoint survivant d'un décès qui arriverait trop tôt.

Protéger sans surprotéger son conjoint survivant

Pour un couple de retraités, disposant déjà de contrats d'assurance-vie bien remplis, il peut être inutile de surprotéger le conjoint en le nommant bénéficiaire du contrat d'assurance-vie. À un âge avancé, avec déjà un contrat bien garni, le conjoint survivant n'a souvent pas besoin de cette nouvelle rentrée d'argent. Il s'agit en plus d'un mauvais calcul fiscal. Les sommes transmises par l'assurance-vie bénéficient en principe d'un abattement de 152 500 euros sur les droits de succession. Mais le conjoint survivant étant dans tous les cas exonéré de droits, ce n'est pas le meilleur bénéficiaire à désigner pour recevoir ces sommes. Par ailleurs, il aura du mal à placer le nouvel héritage dans des conditions attractives pour la transmission aux enfants. Notamment s'il a plus de 70 ans, ou s'il a déjà lui-même versé un montant élevé dans ses contrats d'assurance-vie, il ne pourra faire bénéficier ses héritiers de l'abattement de 152 500 euros.

Pour faire face à cette inefficience, un couple peut donc être tenté de modifier les clauses bénéficiaires pour faire hériter directement les enfants. Mais ils prennent alors un autre risque : le « risque » que le conjoint survivant vive très longtemps et finisse par manquer d'argent. Beaucoup de couples de retraités se retrouvent ainsi face à un dilemme : comment protéger son conjoint survivant sans le « surprotéger » et renforcer les droits de succession que vont payer les enfants ?

Il existe une solution : rédiger une clause bénéficiaire démembrée. C'est une clause qui consiste à transmettre à ses enfants la nue-propriété de son contrat d'assurance-vie et de réserver l'usufruit au conjoint survivant. Cette clause, bien rédigée, permet deux choses :

— en tant qu'usufruitier, le conjoint survivant a la possibilité, en cas de besoin, de puiser dans le capital transmis (sauf clause de remploi). On parle de « quasi-usufruit » ;

— au décès de l'usufruitier, les enfants nus-propriétaires récupèrent le capital sans payer aucun droit de succession, même (et surtout) si le conjoint n'a pas puisé dans le capital. Dans le cas contraire, les nus-propriétaires disposent alors d'une « créance de restitution », qui leur permet de récupérer le capital manquant sur l'actif successoral au deuxième décès, toujours sans payer de droits de succession. On est donc dans un cas de réduction maximale des droits de succession pour les enfants. Aucun droit, quel que soit le montant…

Fiscalement, même si le capital est entièrement perçu par les quasi-usufruitiers, l'administration fiscale applique des droits de succession aux nus-propriétaires (sauf clause contraire). La valeur de cette nue-propriété est calculée selon un barème officiel, en fonction de l'âge de l'usufruitier. Plus celui-ci est âgé, plus la valeur de la nue-propriété est importante. Inversement, les quasi-usufruitiers se voient appliquer un abattement sur le capital qu'ils reçoivent.

L'abattement de 152 500 euros appliqué sur les sommes versées sur le contrat avant les 70 ans du souscripteur est partagé entre les usufruitiers et les nus-propriétaires selon la valeur de leurs droits. Petit exemple : M. Jean a deux enfants, il détient un contrat de 430 000 euros (versés avant 70 ans), dont il a démembré la clause entre son épouse usufruitière et ses enfants nus-propriétaires. Lors du décès de son mari, Mme Jean a 78 ans. Selon le barème officiel, la valeur de l'usufruit est de 30 % de 430 000 euros, soit 129 000 euros. La valeur de la nue-propriété est donc de 301 000 euros, soit 150 500 euros pour chaque enfant. Comme chaque enfant bénéficie d'un abattement de 106 750 euros (152 500 × 70 %), les droits de donation ne porteront que sur une somme de 43 750 euros (150 500 – 106 750), au taux de 20 %.

Faut-il transmettre de son vivant ?

Cette question peut vous surprendre ou vous choquer, mais c'est une vraie question qui se pose aujourd'hui avec la baisse des revenus à la retraite et l'allongement de la durée de la vie.

La réponse est simple : si vous devez choisir, privilégiez l'indépendance à la transmission. C'est d'ailleurs le choix que vous faites dans tous les sondages d'intention des futurs retraités.

Si vous pouvez couvrir largement vos besoins jusqu'à votre décès, en prévoyant un décès le plus tardif possible (on est de moins en moins à l'abri d'une bonne nouvelle…), alors vous pouvez penser transmission.

Comment transmettre ? Voici les solutions les plus utilisées.

Donation et don manuel

La donation est l'acte par lequel une personne (le donateur) abandonne irrévocablement un bien au profit d'une autre personne qui l'accepte (le donataire). Elle peut prendre deux formes :

— la rédaction d'un acte de donation, établi chez le notaire. Tout bien appartenant au donateur peut être donné : maisons, appartements, terrains, meubles, véhicules, tableaux, bijoux, sommes d'argent, placements, etc. Vous pouvez faire une donation à la personne de votre choix. Toutefois, les héritiers réservataires (enfants) peuvent contester une donation si elle porte atteinte à leur réserve héréditaire (voir ci-après) ;

— le don manuel, aussi appelé « donation manuelle », désigne l'action pour un individu de transmettre un bien à un autre individu de la main à la main. Il n'a pas besoin d'être réalisé chez le notaire. Le don doit simplement être déclaré par le donataire, celui qui reçoit, à l'administration fiscale, *via* la déclaration n° 2735, qui peut se faire en ligne. Le don manuel ne peut porter que sur certains types de biens : des objets (tels que des bijoux, des tableaux…) ou des sommes d'argent. Les biens immobiliers ne peuvent pas être transmis par don manuel (pour eux, il est obligatoire de passer chez le notaire).

Don manuel ou donation, cela n'a pas d'importance pour le fisc : les dons manuels subissent la même fiscalité que les donations. L'imposition au droit de donation dépend du montant transmis et du lien de parenté entre le donateur et le donataire. Le donataire peut toutefois bénéficier d'un abattement.

Abattements sur les droits de donation

Lien de parenté entre le donateur et le donataire	Montant de l'abattement
Donation au profit d'un enfant ou d'un ascendant	100 000 €
Donation au profit d'un petit-enfant	31 865 €
Donation au profit d'un arrière-petit-enfant	5 310 €
Donation au profit d'une personne handicapée	159 325 €
Donation au profit d'un conjoint ou partenaire de Pacs	80 724 €
Donation au profit d'un frère ou d'une sœur	15 932 €
Donation au profit d'un neveu ou d'une nièce	7 967 €

(Source : impots.gouv.fr)

Ces abattements sont renouvelables tous les quinze ans. Cela signifie qu'il faut déduire de ce montant les abattements obtenus par le donataire (du même donateur) sur d'autres donations réalisées les quinze dernières années. Une fois l'abattement déduit, les droits de donation sont les suivants :

Calcul des droits de donation

Montant taxable après abattement	Taux par tranche de part taxable	Montant à retrancher pour calcul rapide
Ligne directe (parent, enfant, petit-enfant, arrière-petit-enfant)		
Moins de 8 072 €	5 %	0 €
Entre 8 072 € et 12 109 €	10 %	404 €
Entre 12 109 € et 15 932 €	15 %	1 009 €
Entre 15 932 € et 552 324 €	20 %	1 806 €
Entre 552 324 € et 902 838 €	30 %	57 038 €
Entre 902 838 € et 1 805 677 €	40 %	147 322 €
Supérieure à 1 805 677 €	45 %	237 606 €
Frère et sœur		
Moins de 24 430 €	35 %	0 €
Supérieure à 24 430 €	45 %	2 443 €
Neveux et nièces, parents jusqu'au 4e degré		
	55 %	0 €
Autres		
	60 %	0 €

(Source : impots.gouv.fr)

Le barème est applicable par périodes de quinze ans. Si une nouvelle donation intervient moins de quinze ans après, elle s'ajoute à l'ancienne pour le calcul les droits de donation.

Exemple :
Les droits sur une donation de 500 000 euros à un enfant sont calculés de la manière suivante (après abattement de 100 000 euros) :
20 % × 400 000 − 1 806 = 78 194 euros.
Une nouvelle donation de 300 000 euros réalisée 5 ans plus tard (sans abattement, donc) serait imposée de la manière suivante :
30 % × 700 000 − 57 038 − 78 194 = 74 768 euros.

Le don familial de somme d'argent

Le don familial de somme d'argent est une donation manuelle qui, si elle respecte certaines règles spécifiques, permet de bénéficier d'un abattement spécifique sur les droits de donation de 31 865 euros (renouvelable tous les 15 ans). Comme son nom l'indique, le don familial ne peut porter que sur une somme d'argent. Elle est versée en liquide, par chèque, par virement ou par mandat. Le don doit être réalisé au profit d'un enfant, petit-enfant ou arrière-petit-enfant, ou, en l'absence d'héritier en ligne directe, un neveu ou une nièce, ou, en cas de décès de ces derniers, un petit-neveu ou une petite-nièce. Le donateur doit avoir moins de 80 ans au jour du don. La personne recevant le don doit être majeure ou mineure émancipée.

Comme pour un don manuel, le donataire doit déclarer le don au moyen de la déclaration n° 2735. Une rubrique est dédiée à l'abattement de 31 865 euros. Au-delà de cet abattement, le don est imposé au même barème que les autres donations.

La donation-partage

Lorsqu'une donation est consentie à un enfant, ce don peut constituer :

— soit une avance sur sa part d'héritage : c'est-à-dire que ce don doit être pris sur la part de réserve héréditaire de l'enfant concerné et qu'il faudra en tenir compte au décès du parent. La donation est alors dite « en avancement de part successorale » ;

— soit un cadeau/avantage par rapport aux autres enfants : c'est-à-dire que la donation est prise sur la quotité disponible et que le don vient rompre l'égalité entre les enfants. À ce titre, et à condition que le don ne dépasse pas la quotité disponible (montant réévalué au moment du décès), on n'en tiendra pas compte au décès du parent, l'enfant donataire ayant été définitivement avantagé. On parle de « donation préciputaire ».

Par principe, le droit français suppose que les parents ont une volonté égalitaire et qu'ils ne souhaitent pas avantager l'un de leurs enfants par rapport aux autres. En conséquence, sauf s'il est écrit le contraire, tout don consenti à ses enfants est présumé être une donation en avancement de part successorale.

Les donations constituant des « avances sur héritage » doivent être rapportées à la masse à partager entre les héritiers afin qu'il puisse en être tenu compte. Prenons donc le cas simple suivant : Jacques décède en laissant deux enfants, Pierre et Paul. À son décès, Jacques laisse un patrimoine de 100 000 euros. De son vivant, Jacques avait également donné 100 000 euros à chaque enfant. Pierre a dépensé la somme d'argent qui lui a été donnée pour les besoins de la vie courante. Et Paul a investi la somme d'argent donnée dans l'acquisition d'un appartement à Paris au début des années 2000, dont la valeur au décès est de 350 000 euros.

Sauf indication contraire, les donations consenties doivent être réévaluées au moment du décès. Le patrimoine du défunt s'élèverait donc à 550 000 euros (100 000 + 100 000 + 350 000 euros) et chaque enfant devra recevoir 275 000 euros. Concrètement, Pierre prend tous les biens existants (100 000 euros) et Paul doit faire à son frère un chèque de 75 000 euros ! À noter que si la donation consentie à Paul avait été « préciputaire », elle devrait quand même être réévaluée pour calculer la quotité disponible (ce qui viendrait grignoter la part que Paul recevrait au moment de la succession).

Afin d'éviter toute discorde entre les enfants, le Code civil prévoit une catégorie spécifique de donation : « la donation-partage ». Cette donation est celle réalisée par acte notarié, par une personne, à tous ses enfants en même temps, de telle sorte qu'elle est considérée comme un partage anticipé et partiel d'une partie de la succession. Sous réserve que cette donation ne comporte pas de réserve d'usufruit sur somme d'argent, elle ne sera pas réévaluée au décès du donateur pour le calcul de la réserve héréditaire et de la quotité disponible. De plus, cette donation ne sera pas rapportable et il n'en sera donc plus tenu compte au décès du donateur (sauf dans le cas très particulier de certaines donations-partages inégalitaires). Rien de tel que la donation-partage pour faire régner la paix entre vos enfants.

La donation de nue-propriété

Donner de son vivant présente un inconvénient majeur : on se démunit. On diminue son patrimoine, un patrimoine qui doit aussi servir de complément de retraite et de protection contre les imprévus. Les épargnants sont souvent coincés entre l'envie de diminuer les droits de succession et le besoin de se protéger et de protéger son conjoint. Une équation insoluble ? Pas tout à fait.

Il y a une solution à cette équation : le démembrement. Il s'agit d'une technique qui sépare la propriété d'un bien en deux : d'un côté, l'usufruitier, qui peut user du bien et percevoir les fruits, et de l'autre, le nu-propriétaire, qui n'a pas de droits sur le bien, mais qui devient plein propriétaire à l'issue du démembrement (décès de l'usufruitier).

Concrètement, un parent peut donner la nue-propriété d'un bien à un proche, par exemple, un enfant. Cela lui permet d'anticiper sa succession en utilisant les abattements de la donation. Mais il ne se démunit pas complètement, car il conserve l'usufruit : dans le cas d'un bien immobilier, il peut donc vivre dans le bien ou le mettre en location et toucher les loyers. Pour le calcul des droits de donation, la valeur de la nue-propriété du bien donné sera calculée sur le barème suivant.

Barème fiscal de l'usufruit et de la nue-propriété

Âge de l'usufruitier	Valeur de l'usufruit	Valeur de la nue-propriété
Moins de 21 ans révolus	90 %	10 %
Moins de 31 ans révolus	80 %	20 %
Moins de 41 ans révolus	70 %	30 %
Moins de 51 ans révolus	60 %	40 %
Moins de 61 ans révolus	50 %	50 %
Moins de 71 ans révolus	40 %	60 %
Moins de 81 ans révolus	30 %	70 %
Moins de 91 ans révolus	20 %	80 %
Plus de 91 ans révolus	10 %	90 %

(Source : impots.gouv.fr)

Une solution pratique, on l'a vu, est de transmettre la nue-propriété d'un contrat de capitalisation.

— En tant qu'usufruitier, le parent garde la gestion du contrat et perçoit les revenus. Il peut même faire des retraits de manière illimitée. On parle de quasi-usufruit.

— Seule la nue-propriété du capital transmis sera soumise aux droits de succession. Il y a donc une décote, qui dépend de l'âge de l'usufruitier au moment de la donation (barème ci-dessus). Par exemple, un parent de 69 ans donne à un enfant ou un proche un contrat d'une valeur de 500 000 euros : seuls 300 000 euros seront soumis aux droits de donation.

— Aucun droit sur les parts au moment du décès de l'usufruitier. Le nu-propriétaire récupère le contrat de 500 000 euros sans payer de droits de succession.

— Sans se démunir, le parent peut utiliser les abattements sur les donations. Il peut ainsi, à 69 ans, donner à un enfant la nue-propriété d'un contrat de 166 665 euros (qui sera évaluée à 70 %, soit 99 999 euros , donc sous l'abattement en ligne directe). Le parent fait alors le « pari » qu'il vivra encore quinze ans pour faire bénéficier à nouveau son enfant de l'abattement à sa succession.

— Au décès, les nus-propriétaires récupèrent les sommes placées dans le contrat, qui sont liquides. Il n'y a donc pas de problème lié à l'indivision, ce qui pourrait être le cas avec un bien immobilier.

Conclusion : attention à la transmission de son vivant

Les parents disposent donc de plusieurs solutions pour transmettre leur capital de leur vivant, pour aider leurs enfants mais aussi, et surtout, limiter les droits de transmission que le fisc va prélever sur leur patrimoine. Mais donner de son vivant, c'est aussi se démunir, et disposer de moins de capitaux pour la retraite, alors même qu'un retraité n'a aucune idée du montant de capital dont il aura besoin.

Heureusement, il existe des solutions pour placer son capital pour optimiser sa retraite, mais aussi pour qu'à son décès l'épargne soit transmise aux héritiers en limitant les droits de succession.

L'outil à privilégier est, une fois de plus, l'assurance-vie. Si l'assurance-vie est le placement préféré des Français, c'est avant tout parce qu'elle constitue un moyen souple, rentable et peu imposé pour épargner et se constituer un patrimoine financier. Mais c'est aussi parce qu'elle présente une solution très performante pour préparer sa succession, avec une souplesse maximale grâce à la clause bénéficiaire. Elle permet simultanément de protéger son conjoint et de transmettre à ses héritiers, enfants ou autres, en minimisant les droits de succession.

Guerre des générations : comment vous protéger ?

Vous n'êtes pas Liliane Bettencourt. Mais tout de même…

Votre patrimoine peut faire l'objet de convoitises au sein de votre propre famille.

Rappelez-vous que les générations suivantes risquent de voir leur retraite fondre ou exploser et que, compte tenu du contexte économique, épargner en période de baisse du pouvoir d'achat, ou acquérir un bien immobilier avec des prix élevés, est difficile, voire impossible. Pour beaucoup, le seul espoir, c'est un héritage ou la mainmise sur votre patrimoine.

Nous préférons noircir le tableau pour vous alerter d'un risque, même si ce risque a peu de risques de se transformer en réalité. Nous sommes certains que votre famille est bienveillante et que vous êtes aimé et chéri. Mais peut-être que demain vous deviendrez un poids, surtout si vous êtes dépendant, et les sentiments à votre égard pourraient changer.

Accusez-nous d'être cyniques ou d'avoir une image glauque, voire sordide, de la relation entre les générations mais nous préconisons le « principe de précaution »...

Voici donc quelques conseils pour vous épargner de vous retrouver dans une situation à la Bettencourt...

Quels sont les dispositifs prévus pour les seniors dont les facultés sont altérées ? (source : www.tutelle-curatelle.com)

La sauvegarde de justice

C'est la version la plus *light*. C'est une mesure temporaire qui ne peut excéder un an et qui est renouvelable une fois. Elle peut être demandée par une personne vous portant « intérêt » (famille, entourage ou médecin) mais également par vous-même.

Une sauvegarde de justice peut être demandée quand :

— une personne a besoin d'être représentée temporairement : par exemple, une personne souffrant temporairement d'une incapacité à la suite d'un traumatisme crânien, du fait d'un coma... ;

— une personne, dont les facultés sont altérées, a besoin ponctuellement d'être représentée pour certains actes déterminés (ex. : une vente immobilière) et pour laquelle une solution moins contraignante suffit en temps normal (ex. : une procuration) ;

— une personne, dont les facultés sont durablement atteintes, a besoin d'une protection immédiate en attendant la mise en place d'une mesure plus protectrice (tutelle ou curatelle).

Sous sauvegarde de justice, vous pouvez accomplir tous les actes de la vie civile, même vendre ou donner vos biens, à l'exception des actes confiés au mandataire s'il a été désigné par le juge des tutelles.

Vous pourrez librement conclure un contrat de travail, faire votre testament ou une donation, vous marier, et conserver tous vos droits civiques.

La sauvegarde de justice permet au mandataire de contester les actes de la personne concernée s'ils sont contraires à ses intérêts (en les annulant ou en les corrigeant).

La curatelle

Ça se gâte… Quand la sauvegarde de justice n'est pas suffisante, la curatelle peut être demandée par vous-même, un membre de votre famille, une personne proche, et elle est prononcée par le juge des tutelles du tribunal d'instance.

Une curatelle peut être prononcée si vos facultés mentales sont altérées, si vous êtes victime d'une infirmité ou d'un affaiblissement dû à l'âge, si vos capacités corporelles sont altérées. Même si l'altération doit être médicalement établie par un médecin spécialiste, la marge d'un jugement subjectif est assez large…

Il y a trois formes de curatelle :

— la simple qui vous permet de gérer vos biens tout en étant assisté par un curateur pour vos actes de la vie civile ;

— l'« aménagée » qui donne plus de pouvoir au curateur en fonction des besoins ;

— la « renforcée » qui permettra au curateur de percevoir vos revenus et de régler vos dépenses… La curatelle renforcée est préférée lorsque la gestion défaillante du majeur nécessite de confier au seul curateur la perception des revenus de son protégé, le règlement de ses dépenses courantes et l'épargne de l'excédent.

La tutelle

C'est la totale... C'est le régime le plus lourd et le plus contraignant, tant dans la mise en place que dans l'assistance de la personne dont les facultés mentales ou corporelles sont gravement altérées. Elle peut être demandée par les mêmes personnes que la curatelle. Elle n'est prononcée que s'il est établi que ni la sauvegarde de justice, ni la curatelle ne peuvent assurer une protection suffisante.

La personne incapable d'accomplir elle-même les actes de la vie civile est représentée d'une manière continue.

Là aussi, il existe trois formes de tutelle :

— la tutelle avec conseil de famille : le juge des tutelles nomme les quatre à six membres qui composent le conseil de famille. Le conseil de famille désigne un tuteur qui peut agir seul pour les actes d'administration (payer les factures, effectuer les déclarations d'impôt, faire les démarches administratives...) mais doit obtenir l'autorisation du conseil de famille pour les actes les plus graves ;

— la tutelle sans conseil de famille : le juge des tutelles nomme le représentant légal du majeur protégé qui est appelé « administrateur légal ». L'administrateur légal ne peut faire seul que des actes conservatoires, les autres actes sont soumis à l'accord du juge des tutelles ;

— la gérance de tutelle confiée à un professionnel : la tutelle est confiée à un tuteur professionnel (appelé mandataire judiciaire à la protection des majeurs) inscrit sur la liste établie par le préfet après accord du procureur de la République.

Si vous faites l'objet d'une mesure de tutelle et voulez vous y opposer :

— lorsqu'il y a ouverture de la mise sous tutelle : vous pouvez faire appel à la décision d'ouverture de la tutelle auprès du greffe du tribunal par lettre recommandée avec accusé de réception dans les quinze jours suivant la notification du jugement ;

— cessation et mainlevée de la tutelle : lorsque la mesure de curatelle ou de tutelle est en place et que vous pensez qu'elle n'est plus nécessaire, vous pouvez demander sa cessation. C'est le juge qui décidera au terme de l'instruction ;

— si le juge refuse de mettre fin à la tutelle : vos parents et vos proches peuvent également faire appel de cette décision.

Comment vous protéger à l'avance contre une mesure de protection que vous n'auriez pas choisie ?

Heureusement, vous avez le moyen de vous organiser avant qu'il ne soit trop tard avec le mandat de protection future.

Si vous craignez un jour de ne plus pouvoir gérer votre patrimoine, vous pouvez désigner à l'avance la ou les personnes qui seront en charge de votre patrimoine et éventuellement de votre personne quand vous ne pourrez plus le faire seul. C'est un contrat libre. C'est à vous de définir l'étendue des pouvoirs du ou des mandataires. Il peut s'exercer à titre gratuit, mais une rémunération ou une indemnisation peut être prévue.

Le mandat de protection future peut être notarié, établi par acte authentique et signé par vous-même, le ou les mandataires et le notaire, ou sous seing privé.

Vous êtes protégé car vous pouvez saisir le juge des tutelles si vous contestez la mise en œuvre ou les conditions d'exécution du mandat de protection future.

À retenir : voilà. Vous savez tout ou presque. Le sujet n'est pas plaisant. Mais mieux vaut tout prévoir que de pratiquer la politique de l'autruche. Faites donc vos choix tant que vous êtes en bonne santé.

Vous êtes retraité. Attention, danger : vous allez être une cible privilégiée. Protégez-vous.

8

Vous êtes un cas : les solutions

Vous avez maintenant toutes les cartes en main pour sauver votre retraite. Pour épargner votre retraite. Et pour épargner pour votre retraite.

Le moment est donc venu de passer à la pratique. Car vous êtes un cas. Comme nous tous. Mais la bonne nouvelle, c'est que nous avons des solutions pour tous les cas. Et pour votre cas en particulier. Car chaque cas est spécifique. Chaque situation a ses particularités.

Vous êtes peut-être dans une période de votre vie où vous ne pouvez pas épargner (mariage, nouveau-nés, déménagement, etc.), ou vous ne pouvez pas réduire vos dépenses (fichue inflation), ou au contraire vous entrez dans une période où vous avez des opportunités d'épargne et donc de placements (promotion, enfant qui quitte le foyer…).

Le moment est donc venu d'adapter nos conseils à des situations pratiques, proches de la vôtre.

Au début du livre, nous vous avons raconté des histoires, dix histoires de personnes confrontées à des situations différentes et sensibles ou sensibilisées, à des degrés différents, au sujet de la retraite.

Ces histoires, ce sont vos histoires.

Ces cas, ce sont vos cas.
Vous êtes un cas mais nous avons la solution.

* * *

Gabriel

Gabriel, ton cas est assez simple.

Ton seul « problème retraite », c'est que tu ne t'en occupes pas.

De façon plus générale, tu ne consacres pas de temps à ton argent. On sait que « le temps c'est de l'argent », mais l'argent a aussi besoin de temps.

Tu sais dépenser. Mais tu ne sais pas épargner ni placer.

Une cigale qui doit donc devenir un peu plus fourmi.

Nous te proposons un plan d'action en trois volets.

— **Ne laisse pas ton argent dormir sur ton compte courant :** remplis ton livret A pour ton épargne de précaution, et alimente un contrat d'assurance-vie pour une épargne de plus long terme. Comme tu es débordé, opte pour la « gestion pilotée ». Mets en place des versements programmés tous les mois sur ton contrat d'assurance-vie, une épargne forcée. Aujourd'hui c'est indolore, dans quelques années, tu seras bien content de les retrouver.

— **Fais l'acquisition de ta résidence principale :** sacrifie la vue sur la tour Eiffel et quelques mètres carrés, et tes échéances de remboursement seront assez proches du loyer actuel que tu jettes chaque mois par la fenêtre.

— **Ouvre un PER :** surmonte tes blocages sur le mot retraite et pense surtout défiscalisation car ton revenu est lourdement imposé. Avec un contrat en ligne sans frais d'entrée ou en bénéficiant des produits d'épargne salariale de ton entreprise.

Voilà ! Tu peux continuer à faire la fête. Et tu pourras encore chanter et danser quand la bise viendra ! N'oublie pas de relire les *Fables* de La Fontaine…

* * *

Clara

Clara, ton problème n'est pas de savoir quand tu pourras partir à la retraite, mais avec combien, et comment compenser la perte de revenus avec ton patrimoine.

En effet, pour toi, agent de police – catégorie active –, née en 1957, l'ouverture des droits à la retraite est pour bientôt, l'année prochaine.

C'est une bonne et une mauvaise nouvelle : un an, c'est peu pour se préparer un complément de retraite.

Nous ne te proposons un plan d'action en quatre volets.

— **Ouvre immédiatement ton compte retraite sur info-retraite :** vérifie que les informations sur ta carrière sont complètes, puis découvre l'estimation de ta future retraite. Voilà, tu connais maintenant ta pension, elle ne va pratiquement pas bouger, et tu sais donc combien de revenus supplémentaires il te faut pour compenser.

— **Récupère le plus de trimestres que tu peux :** il t'en manque probablement pour une retraite à taux plein l'an prochain. Tu subirais donc une décote importante. Il faut la réduire : soit en travaillant quelques trimestres de plus, soit, si tu le peux, en rachetant quelques trimestres manquants. Cela te permettra, en plus, de bénéficier d'une réduction d'impôt.

— **Place le capital reçu par ton père :** c'est ton « fonds de retraite ». Il faudra qu'il dure car ta retraite va être longue (beaucoup de temps pour t'occuper de tes petits-enfants et leur raconter des histoires sur leur grand-père et leur arrière-grand-père). Il faut donc un bon équilibre rentabilité/risque. On te suggère une allocation 50 % financier (livret, assurance-vie fonds euros et fonds obligataires) et 50 % immobilier (en direct ou *via* des SCPI).

— **Ouvre un PER :** et mets en place un versement programmé de 300 euros tous les mois, idéalement sans toucher à ton fonds de retraite. C'est ton « fonds dépendance et succession ». Certes, c'est un effort d'épargne, mais tu bénéficieras là aussi d'une réduction d'impôt (environ 100 euros par mois). En choisissant une gestion pilotée équilibrée avec un objectif de rendement annuel de 4 %, tu peux espérer, dans 20 ans, 110 000 euros. Un beau capital pour te couvrir contre la dépendance et éventuellement transmettre des fonds à tes enfants.

Tu as un an pour te préparer.

On te souhaite une belle fin de carrière et, surtout, une excellente retraite

En famille et avec un pouvoir d'achat préservé.

* * *

Alain

Rassure-toi Alain. À 50 ans, tu as encore largement le temps pour plancher sur ta retraite et ne pas être pris au dépourvu. Les années que tu as passées à « papillonner » ne se sont pas envolées. Certaines seront comptabilisées pour le calcul de ta pension.

Ce sera une première base, mais tout se joue maintenant ou presque.

Quinze ans pour préparer ta retraite, peut-être plus si tu veux « mourir sur scène ».

Quinze ans surtout pour avoir au moins le choix, continuer à travailler ou pas…

Nous te proposons un plan d'action en quatre volets.

— **Ouvre un PER :** à 50 ans, avec une rémunération élevée et un objectif essentiellement retraite, le placement idéal est le PER. Cette épargne te procurera un gain immédiat : une réduction d'impôt. Et aussi un gain à la retraite : un complément de revenus grâce à ton épargne qui va fructifier. À toi de choisir le bon profil : dynamique, si tu veux prendre les mêmes risques que tu as pris dans la vie, ou plus prudent, si tu veux rester sage.

— **Profite du plan d'épargne salariale qui est proposé par ton entreprise :** ce type de plan offre de nombreux avantages salariaux (abondement, intéressement et participation, etc.). Une raison supplémentaire pour se poser dans une grande entreprise…

— **Crée ton compte sur info-retraite :** pour avoir une première estimation de ta retraite. Vérifie que toutes les périodes de ta carrière en France et à l'étranger (quand elles comptent) sont bien répertoriées. Dans le cas contraire, entame les démarches pour les faire valoir.

— **Pense à acquérir ta résidence principale :** dans quelques mois, lorsque les taux de crédit redeviendront intéressants, et que tu seras convaincu par les bienfaits d'un ancrage géographique, pourquoi ne pas acquérir ta résidence principale ? Ce sera un atout considérable pour ta retraite.

Si tu suis ce programme, tu seras prêt pour prendre ta retraite à 64 à 67 ans, ou plus tard, ou jamais, c'est comme tu veux. Et faire comme on veut, c'est un luxe qu'on ne peut s'offrir qu'en préparant sa retraite.

* * *

Éric et Emmanuelle

Éric et Emmanuelle, vous êtes un cas classique de préparation de votre retraite en deux étapes.

Éric en premier, mais progressivement. Tu ne vas pas te la couler douce pendant qu'Emmanuelle bosse pour votre retraite…

Et Emmanuelle près de dix ans plus tard.

Nous vous proposons un plan d'action en trois volets (Éric pourra facilement l'implémenter pendant qu'Emmanuelle est au travail…).

— **Créez vos comptes retraite sur info-retraite :** surtout toi, Éric. Tu y découvriras l'estimation de ta retraite. Certes, ça risque d'être douloureux mais au moins, tu auras un chiffre devant toi. Moins d'incertitude, plus de sommeil.

— **Déterminez l'âge de départ à la retraite d'Éric... pour un cumul emploi-retraite :** pour une meilleure retraite, Éric, attends d'avoir tous tes trimestres. Tu as commencé ta carrière assez jeune, tu devrais donc avoir le taux plein à 64 ou 65 ans. Liquide alors ta retraite mais profite surtout du dispositif de cumul emploi-retraite. Il te permettra de réduire ton activité petit à petit, sans subir le coup d'arrêt brutal du départ à la retraite, en particulier tant qu'Emmanuelle continuera à travailler.

— **Ouvrez, chacun, un contrat d'assurance-vie et un PER :** vous avez dix ans devant vous pour vous construire un dispositif d'épargne retraite. Vous y épargnerez ce que vous pourrez pendant dix ans. Surtout, ces contrats accueilleront les fonds de la vente de votre commerce dans dix ans.

Une retraite progressive, avec une épargne et, surtout, une belle vente dans dix ans, Éric ne regrettera plus d'avoir choisi le métier de commerçant...

* * *

Jérémie et Léa

Jérémie, pas de panique ! Votre cas, à Léa et toi, est très simple et relativement classique pour un couple de cadres supérieurs : vous n'arrivez pas à épargner car, dès que l'argent est sur le compte, vous le dépensez.

Et plus il y en a, plus vous dépensez...

La solution est simple : mettez en place un prélèvement forcé, programmé, automatiquement affecté à votre épargne.

Nous vous proposons un plan d'action en trois volets.

— **Ouvrez trois contrats d'assurance-vie :** un pour Jérémie, un pour Léa, et un pour vos enfants, pour préparer leur avenir (une grande école d'ingénieurs ou de commerce coûtera encore plus cher que le collège privé bilingue...). Faites un versement programmé de plusieurs centaines d'euros par mois sur chaque contrat. Ne vous inquiétez pas pour vos dépenses. Au pire, l'argent reste liquide sur un contrat d'assurance-vie, pour faire face à une dépense contrainte indispensable (on vous laisse juger si les implants de Jérémie en font partie...).

— **Lancez-vous dans un programme d'investissement immobilier :** compte tenu de votre profil, les banques devraient être prêtes à de gros efforts pour vous avoir. Mais ne vous précipitez pas. Prenez le temps de négocier le taux. Prenez aussi le temps de bien sélectionner votre programme. Un appartement à Paris, si vous avez envie de vous occuper de la gestion du bien pour viser une belle plus-value. Ou un investissement pierre-papier, c'est-à-dire en parts de SCPI, notamment investies à l'étranger pour une meilleure fiscalité, si vous voulez bénéficier d'un placement totalement délégué.

— **Plus tard, ouvrez un PER :** dès lors que vous aurez un beau capital placé en assurance-vie, ouvrez un PER. Et basculez une bonne partie de vos versements programmés. Dans ce cas-là, le capital sera bloqué jusqu'à la retraite, mais vous bénéficierez de réductions d'impôt. Et vous avez toujours le capital placé en assurance-vie en cas de nouvelles dépenses contraintes.

Vous verrez, avec ce programme, vos dépenses vont automatiquement (un peu) diminuer. Et en fin de mois, vos comptes seront toujours proches de zéro, mais plus votre épargne…

* * *

Thomas et Valérie

Thomas et Valérie, votre cas est intéressant.

Et vous n'êtes pas les seuls dans cette situation, loin de là.

Comme vous, de nombreux couples de futurs retraités ont privilégié, pour leur future retraite, l'investissement immobilier, au détriment des placements financiers.

Et ce choix s'est même avéré judicieux, compte tenu de l'évolution du marché et des plus-values qui ont été constatées.

Mais aujourd'hui ce patrimoine immobilier présente des inconvénients : sa gestion est plus complexe, plus lourde. Il est peu liquide. Et les rendements sont décevants.

Il est temps de déclencher une « inflexion patrimoniale ».

Nous vous proposons un plan d'action en deux volets.

— **Vendez la partie la moins rentable de vos biens immobiliers :** dans un premier temps, vous devez vendre le studio à Lyon. Il doit avoir une valeur d'environ 250 000 euros. Mais la rentabilité locative dépasse à peine les 3 %, et moins de 1 % donc quand on déduit les charges et les impôts. Il faut donc vendre et prendre sa plus-value. Plus tard, il faudra peut-être faire de même avec votre maison sur la Côte d'Azur, sauf si elle devient votre résidence principale.

— **Pour placer ce capital, privilégiez deux placements :**

- les SCPI, plus liquides, plus souples (aucun souci de gestion) et offrant un meilleur rendement (autour de 4 ou 5 % nets de frais) ;
- et l'assurance-vie, ultra liquide, rentable (en particulier parce que les retraits sont peu imposés après huit ans) et très simple à gérer. Profitez de la hausse des taux pour investir dans des fonds euros, monétaires et obligataires qui rapportent entre 3 et 5 % (donc mieux que votre studio lyonnais).

Voilà. Thomas et Valérie, vous avez travaillé toute votre vie pour construire votre patrimoine. Il est temps que celui-ci travaille pour vous.

* * *

Lila et François

Vous connaissez, Lila et François, les joies et les problèmes des familles recomposées.

Il faut savoir jongler.

Jongler avec vos enfants, les siens, votre couple, et les besoins de tout ce petit monde, sans oublier les vôtres.

Vous allez devoir faire de même pour préparer votre retraite, jongler pour garder votre propre liberté, votre propre retraite, tout en envisageant votre avenir ensemble.

Ça doit fonctionner, comme le dit François, et ça fonctionnera si on la planifie en prenant chaque cas séparément, d'abord, puis en faisant ce qu'il faut pour les faire converger.

Pour cette « retraite recomposée », nous vous proposons un plan d'action en trois volets.

— **Préparez la retraite de François :** François, commence par ouvrir un contrat d'assurance-vie et verses-y 250 euros par mois. Ce contrat servira à couvrir tes besoins avant la retraite, et notamment les besoins de tes enfants. Tu verras, ils feront moins la tête…

Ce contrat pourra également te servir pour ta retraite. Mais pour la maximiser, tu vas surtout devoir la décaler un peu. Ce n'est pas un souci pour toi. Avec ton statut privilégié, tu pourrais partir dès 58 ans. Vise plutôt 60 ou 62 ans. Tu y gagneras pour ta future pension, grâce aux majorations et surcotes lorsqu'on dépasse l'âge légal. Lila devra, elle, attendre 64 ans, alors sois un peu solidaire et attends-la.

— **Préparez la retraite de Lila :** Lila, ouvre plutôt un PER. Verses-y 500 euros par mois. Oui, c'est plus que François, mais tu obtiendras une réduction d'impôt. Et tu vas avoir besoin de te créer un bon complément de revenus, afin de pouvoir partir dès que possible à la retraite, même avec une décote. Alors oui, aujourd'hui, tu n'y penses pas. Mais cela peut changer quand tu verras François à la retraite. Donne-toi au moins cette possibilité de le suivre rapidement dans cette nouvelle aventure. Et s'il t'attend, tu auras mis plus d'argent de côté.

— **Faites ensemble un projet immobilier :** afin de pouvoir vivre mieux votre retraite, ensemble, il vous faut un projet patrimonial, à deux. Avec un horizon de vingt ans, l'immobilier est parfaitement adapté. Vous pouvez par exemple monter une SCI pour acheter un bien et le louer. Vous pouvez aussi investir à crédit en parts de SCPI. Cela offre de nombreux avantages : aucune gestion (de toute façon, Lila n'a pas le temps), mais aussi la possibilité de les vendre à tout moment. En cas de besoin de liquidités. Mais aussi en cas de séparation. Planifier, c'est prévoir aussi le pire…

Vous avez chacun une tâche à accomplir. Plus une tâche commune. Pour aligner vos besoins personnels avec l'intérêt du couple. Rien de nouveau pour vous. Vous le faites depuis quelques années déjà, et vous le faites très bien. Continuez.

* * *

Élie et Charlotte

Élie, il est l'heure de s'occuper de la retraite... de Charlotte.

Vous avez aujourd'hui un écart de revenus ? Ce sera encore pire au moment de la retraite.

Charlotte a sacrifié dix ans de sa carrière aux enfants. Alors, Élie, tu vas devoir maintenant allouer les dix prochaines années à la construction d'une épargne retraite pour Charlotte. C'est le *deal*.

Nous vous proposons un plan d'action en trois volets.

— **Récupérez le maximum de trimestres pour Charlotte :** pour avoir élevé ses enfants, Charlotte peut bénéficier de certaines majorations de trimestres, voire en racheter quelques-uns (années incomplètes ou études). Cela pourrait permettre d'améliorer un peu sa pension. Un peu, mais c'est déjà ça de pris.

— **Ouvrez un PER :** ce plan sera au nom de Charlotte mais alimenté par des versements programmés pris directement sur le salaire d'Élie. En réalité, le nom et la provenance des fonds ne changent pas grand-chose, puisque le salaire d'Élie aujourd'hui et la future pension de Charlotte sont des revenus communs au couple. Mais cela reste un beau cadeau d'Élie pour remercier Charlotte et compenser le différentiel de revenus à la retraite.

— **Achetez un bien immobilier :** profitez également de la belle situation d'Élie, avec ses revenus « dix fois supérieurs à ceux de Charlotte », pour vous lancer dans un projet immobilier. Pourquoi pas un appartement en centre-ville, meublé pour limiter la fiscalité ? Si elle le veut bien, Charlotte va s'en occuper (elle en aura le temps, avec toutes ses vacances et ses RTT…).

Vous savez ce qui vous reste à faire, l'un pour l'autre et tous les deux ensembles. Un beau chantier en prévision.

* * *

Sarah

Sarah, tu as un choix difficile à faire. Un choix de vie, pour toi, pour ton fils.

Avec des enjeux financiers, pour son avenir et pour ta retraite.

Pour le choix de vie, vous allez devoir vous débrouiller. Ce n'est pas notre spécialité.

Mais nous pouvons t'aider à comprendre les enjeux financiers, à comparer ton programme d'épargne dans les deux situations.

Dans les deux cas, nous te proposons un plan d'action en trois volets :

En restant à Nice

— **Mets en place une épargne mensuelle :** fais le point sur tes comptes et détermine le montant, idéalement quelques centaines d'euros, que tu peux épargner chaque mois, notamment en suspendant quelques dépenses superflues. Quelques sacrifices pour rester à Nice, au soleil…

— **Commence par ouvrir une assurance-vie :** ce sera, dans un premier temps, ton épargne en cas de besoin. Dans vingt-cinq ans, l'épargne constituée te servira, peut-être, pour ta retraite. Mais d'ici là, elle pourrait servir à ton fils, pour se lancer dans la vie active, ou comme apport pour ta résidence principale.

— **Pense à l'acquisition de ta résidence principale :** valide le choix de rester à Nice en achetant ta résidence principale. Certes, tu auras une charge supplémentaire, le remboursement du crédit, pendant vingt ou vingt-cinq ans. Mais tu économiseras un loyer à vie et ce sera donc une charge en moins à la retraite.

En allant à Paris

— **Calcule ta capacité d'épargne supplémentaire :** prends ta hausse de salaire mensuel, mais enlève la hausse du coût de la vie, une hausse de loyers d'environ 50 % et des autres dépenses courantes d'environ 20 %. Là non plus, tu n'auras pas d'autre choix que de supprimer quelques dépenses superflues.

— **Commence par ouvrir une assurance-vie :** cette étape ne change pas. Il te faut absolument te construire une épargne à la fois disponible et de long terme.

— **Ouvre un PER :** dès que tu as quelques milliers d'euros sur ton assurance-vie, bascule ton épargne mensuelle vers le PER, le placement idéal pour la retraite. En outre, ce versement te permettra d'obtenir une déduction fiscale et donc de limiter ta hausse d'impôt.

C'est l'heure de faire le calcul. Épargne Nice *versus* épargne Paris. Et donc revenus complémentaires Nice *versus* revenus complémentaires Paris. Prends en compte le fait qu'à Paris, ta pension sera plus élevée (puisque ton salaire est plus élevé) mais qu'à Nice, tu seras propriétaire de ta résidence principale.

* * *

Sid et Martine

Sid, on te félicite pour ton sens des responsabilités.

Mais cela ne veut pas dire qu'il ne faut pas écouter Martine quand elle dit que vous pourriez réduire votre train de vie.

La vente de votre maison vous permettrait en plus de bénéficier d'un revenu complémentaire et de vivre une retraite loin du travail.

Nous vous proposons un plan d'action en trois volets.

— **Faites le point sur votre budget :** faites deux budgets. D'abord un budget de « survie », qui consiste en réalité à énumérer toutes les dépenses que vous ne POUVEZ pas réduire. Vous verrez, si vous faites honnêtement cet exercice, que vous pourrez suspendre un grand nombre de dépenses superflues. Faites ensuite votre budget « loisirs », c'est-à-dire les dépenses que vous ne VOULEZ pas réduire. Et vous verrez que la somme de ces deux budgets sera plus faible que votre budget actuel.

— **Ouvrez un contrat d'assurance-vie :** sans frais d'entrée bien sûr, on ne veut pas ajouter une dépense supplémentaire. Versez votre surplus dans ce contrat. Il vous servira pour votre retraite, en cas de besoin, pour protéger le conjoint survivant et, idéalement, pour transmettre de l'argent à vos enfants et petits-enfants.

— **Vendez votre maison familiale :** les souvenirs, ce ne sont pas des tuiles et de la brique. Un appartement en centre-ville sera bien plus adapté à votre couple. Et moins cher aussi. Avec le différentiel entre le prix de votre maison et de l'appartement, achetez des parts de SCPI qui vous offriront un revenu complémentaire d'environ 4 %.

Dès que ce plan d'action sera mis en place, Sid pourra prendre sa retraite. Vos revenus baisseront, mais ils seront compensés par les revenus de la SCPI. En cas de besoin, il suffira de retirer de l'argent de votre contrat d'assurance. Un contrat d'assurance-vie qui pourra être transmis et vous permettra donc de cumuler retraite et transmission.

Glossaire

BIC	Bénéfices industriels et commerciaux
BNC	Bénéfices non commerciaux
CET	Compte épargne-temps
Codevi	Compte pour le développement industriel
ETF	*Exchange traded fund*
Ircec	Institut de retraite complémentaire de l'enseignement et de la création
LDDS	Livret de développement durable et solidaire
LEP	Livret d'épargne populaire
OPCVM	Organisme de placement collectif de valeurs mobilières
Pass	Plafond annuel de la Sécurité sociale
PEA	Plan d'épargne en actions
PEE	Plan d'épargne d'entreprise
PER	Plan d'épargne retraite
Perco	Plan d'épargne retraite collectif
Pere	Plan d'épargne retraite d'entreprise
Perin	Plan d'épargne retraite individuel
Perp	Plan d'épargne retraite populaire
PMSS	Plafond mensuel de la Sécurité sociale
Raap	Régime des artistes auteurs professionnels
RACD	Régime des auteurs et compositeurs dramatiques
Racl	Régime des auteurs compositeurs lyriques

SACD	Société des auteurs et compositeurs dramatiques
Sacem	Société des auteurs, compositeurs et éditeurs de musique
SAM	Salaire annuel moyen
SCPI	Société civile de placement immobilier
TAEG	Taux annuel effectif global
TMI	Taux marginal d'imposition
TS	Traitements et salaires
ZPPAUP	Zone de protection du patrimoine architectural, urbain et paysager

Remerciements

Merci pour leurs dossiers et articles sur la retraite aux quotidiens et magazines suivants : *Les Échos*, *Challenges*, *Aujourd'hui/Le Parisien*, *Le Figaro*, *Capital*, *La Tribune*, *Le Monde*, *Le Revenu*, *Investir*, *Mieux vivre votre argent*, *Financial Times*, *Fortune*, *The Economist*, ainsi qu'à tous les sites spécialisés sur la retraite cités dans le livre.

Merci à Chat GPT !

Un grand merci au GIP Info retraite.

Table

Composition et mise en pages
Nord Compo à Villeneuve-d'Ascq

Cet ouvrage a été achevé d'imprimer en janvier 2024
sur les presses de Normandie Roto Impression s.a.s.
61250 Lonrai (Orne)
N° d'édition : 66528/01 - N° d'impression : 2305623

Imprimé en France